I0787750

MaterLiter

Pepa Calero

Copyright © 2022 Pepa Calero
Todos los derechos reservados.
ISBN: 9798361965014
Diseñador de portada: Marina Cuenca Taza

Cualquier forma de reproducción, distribución, comunicación pública o transformación de esta obra solo puede ser realizada con la autorización de sus titulares, salvo excepción prevista por la ley.

Diríjase a CEDRO (Centro Español de Derechos Reprográficos) si necesita fotocopiar o escanear algún fragmento de esta obra (www.cedro.org; 91 702 19 70 / 93 272 04 45).

Para Esther y Beatriz

Índice

INTRODUCCIÓN 11

EMBARAZO 13

Beneficios del agua del mar. El mar, la mar 15

Primeros meses, alegría y tristeza 19

Albert Ellis y las creencias irracionales. Luces y sombras 23

Líquido Amniótico 27

El negocio del embarazo, la feria de las vanidades 29

Carta a amigos y familiares 33

Comer por dos 35

Mensajes para gestantes. Sentido y Sensibilidad 39

Diez cosas que deberías evitar durante el embarazo 43

Gestación, tristeza y desánimo 45

¿Puedo hacer ejercicio físico? 49

2º trimestre, luna de miel 53

Preocupaciones inútiles. Hacer frente a la Normalidad 55

Meditación y Embarazo, celebrar la vida 57

Sheila Kitzinger, escritora y antropóloga del nacimiento 61

¡Qué torpe estoy! 65

¿Cómo controlo el miedo al parto? 67

Tercer trimestre, mirando hacia dentro 71

Bebé arco iris: la vida sale al encuentro 73

HISTORIAS 77

¿Dónde está mi tribu? Ser madre en una sociedad individualista ... 79

Método canguro. Donde el corazón te lleve 83

El vínculo afectivo con el bebé o Amor a primera vista 87

Un mundo feliz. La igualdad en el espacio doméstico 91

La obsesión de ser madre 95

Prematuros. El abrazo salvador 99

Sombras de la maternidad 103

Nils Bergman. La madre es la clave del desarrollo neuronal 105

Mujeres conocidas que renuncian a la baja maternal 109

Nadie me dio la enhorabuena por mi hijo 113

El embarazo, tiempo de lecturas 117

No quiero hijos. El club de la buena estrella 121

Madres y escritoras 125

Frans Veldman, la ciencia de la afectividad. Haptonomía 129

Psicología Perinatal, la hermana pobre de la psicología 133

PARTO **137**

Plan de parto. Las palabras andantes 139

La historia interminable de la fase prodrómica 143

El taxi de la Epidural 147

La placenta, ese árbol mágico y misterioso 149

Gritos en el parto 153

Contador de contracciones 157

Tres Verdades sobre el dolor en el Parto 161

Parto Natural con Epidural y sesgo de confirmación 163

La desconcertante fase de transición 167

Frases dichas, conceptos erróneos. Ficciones 171

Grabar el parto 173

Guerra y paz. Abuelas y padres 175

Parto orgásmico 177

Orgullo y Prejuicio. Partos respetados en el hospital 181

Ina May Gaskin 183

RECIÉN NACIDO **187**

David Chamberlain y la Mente del Recién Nacido 189

Dejarlo llorar, que no se acostumbre a los brazos 193

Estados de conciencia 197

Tu voz, esencial para tu hijo en su etapa prenatal 199

La fuerza del cordón umbilical... 203

La nariz privilegiada de los recién nacidos 205

Allan Schore... 209

Abrazos, beneficios para todos... 213

Razones para no bañar al bebé las primeras 24 horas de vida....... 217

El llanto 219

Los bebés entienden la música, la voz humana.......................... 223

La mirada de un recién nacido 225

Bebés prematuros, asombro y desconcierto 229

Terry Brazelton y la personalidad de los bebés.......................... 233

LACTANCIA.. **237**

Amamantar con prótesis. El mundo de Sofía 239

Lactar en Público. ¡Cúbrase! Esas cosas se hacen en privado....... 243

Madres que corren con lobos. Lactancia artificial........................ 247

Sola ante el peligro. Primeros días en casa 251

Lactar o no Lactar. Esa es la cuestión 255

Succión no nutritiva. La succión afectiva del bebé 257

La voz del pediatra Carlos González.................................... 261

HOMBRES, MUJERES, MATRONAS **265**

Sucede que soy matrona... 267

El libro de las madres. Laura Freixas 271

Nuevos Padres, nuevos hombres 275

Residentes de matronas, gente entrañables 279

Madres solteras. La vida desnuda 283

Doris Lessing, escritora y madre. Nobel de Literatura 2007 285

Cerebro de padre..289

La Matrona como personaje literario 293

Nosotras que nos queremos tanto 297

Decálogo del puerperio...299

De mayor quiero ser midwife 301

Inteligencia emocional en la maternidad 303

Autoestima y mujer 307

Representaciones mentales del futuro padre.................................311

El talento de las madres 315

El puerperio. Una historia de amor y oscuridad 319

Tipologías de hombres en el parto..323

Gracias, madres, gracias compañeras 327

Tocofobia: temor al embarazo 329

Por un futuro mejor...333

Depresión masculina posparto 335

Mujeres visibles, madres invisibles. La incómoda maternidad......339

AGRADECIMIENTOS 345

ACERCA DEL AUTOR..346

POSPARTO..347

EL PARTO DE CLARA 348

LEER, VIAJAR, ESTAR VIVOS 349

INTRODUCCIÓN

La palabra es mitad de quien la pronuncia, mitad de quien la escucha.
Michel de Montaigne

¿Qué tiene que ver la literatura con la maternidad? Pregunta mi hijo.

Leer es viajar, hacia el mundo y hacia uno mismo. Vivir otras vidas, igual que una madre vive otras existencias a través de sus hijos. Una vida reinventada cada día en ese rol entrañable e inquietante llamado maternidad…

Corría el año 2013. Así comenzaba la andadura por el mundo virtual con mi primer blog. Un blog que hablaba de palabras y abrazos, es decir; maternidad y literatura. De ahí brotó el nombre del blog y de este libro recopilatorio: MaterLiter.

EMBARAZO

Beneficios del agua del mar. El mar, la mar

Reconozcámoslo, a todos nos atrae el mar. Esa luminosidad mágica, ese misterio de la vida en su interior, esa calma, esa bondad. Es como una gestación íntima de la tierra. Incluso cuando lo miramos con aire romántico y nostálgico sigue oliendo a eternidad. Hoy quiero hablar sobre la eficacia de caminar por la orilla del mar en el embarazo.

Los beneficios del mar son inmensos. Su estructura es muy similar al plasma humano, al líquido amniótico. Desde hace más de dos mil años ya se hablaba de sus virtudes. Gracias al mar, se han curado enfermedades, abatido tristezas, alegrado el cuerpo y alma de millones de personas. No solo a nivel local, —talasoterapia, del griego Thalasso (Mar) y Therapeia (Terapia)—, si no también ingiriéndola en forma isotónica como nutriente celular y alcalino.

Los iones negativos que desprenden las olas del mar producen un estado de bienestar emocional, una calma y una paz inigualable. Recuerdo a una embarazada, Lucía, contándome cómo iba todas las mañanas temprano a pasear descalza por la orilla. Gracias a ello disminuyó la hinchazón de sus piernas y se sentía con más energía el resto del día.

Un paseo descalza junto a la orilla estimula las terminaciones nerviosas de las plantas de los pies, igual que la milenaria terapia china llamada reflexoterapia podal, que consiste en masajear la planta de los pies. Con ello activamos puntos energéticos y activamos zonas donde se reflejan los órganos internos.

Un informe en el Journal of Alternative and Complementary Medicine arrojó algo más de luz sobre estos beneficios de caminar descalzo. Nuestros pies pueden absorber iones libres en la superficie de la Tierra de forma muy parecida a como nuestros pulmones pueden absorber iones en el aire.

Además, el aire del mar es rico en iones negativos, unas partículas energéticas que poseen efectos beneficiosos sobre nuestra mente y nuestro cuerpo. Numerosos estudios han mostrado que los iones negativos protegen al organismo ayudando a gestionar el estrés. Mejoran nuestro humor, poseen efectos antimicrobianos y aumentan la producción de serotonina y con ella la sensación de bienestar.

Según Richard Shuster, PsyD, psicólogo clínico, el color azul del mar tiene un efecto sedante. "Mirar el océano en realidad cambia la frecuencia de las ondas cerebrales y nos sitúa en un estado meditativo moderado".

Estas son sus ventajas:

➢ Mejora del retorno venoso y linfático.
➢ Fortifica músculos, tendones y huesos de las piernas.
➢ Propicia un estado de paz y relajación al modificar los patrones de ondas cerebrales ante el sonido del mar.
➢ Aumento y equilibrio de los niveles de serotonina, la hormona del bienestar.
➢ Mejora de procesos dermatológicos como psoriasis, dermatitis y otros.
➢ Aumento de la sensación de bienestar.
➢ Favorece la calma y la paz.

Según el Doctor Samaniego, jefe de servicio de la unidad de Angiología y Cirugía Vascular de Guipúzcoa, "Cuando una persona pisa al andar, la compresión que se realiza de la planta del pie impulsa la sangre venosa hacia arriba, en su retorno al corazón. Al andar por la arena mojada, en la orilla del mar, la planta entra en contacto completamente con la superficie del suelo, con lo que la sangre es impulsada de una manera óptima hacia arriba, favoreciendo el retorno de la circulación venosa".

"La acción del frío sobre las venas actúa sobre los anillos musculares de estos vasos, contrayéndolos, por lo que esta acción vasoconstrictora reduce el calibre del vaso sanguíneo, aumentando de esta manera lo que llamamos el tono venoso. Todo ello se traduce en que la sangre venosa fluye con más facilidad hacia el corazón en su camino hacia arriba en contra de la gravedad".

Resumiendo, una maravilla.

En esta época de estío que propicia la lectura, os dejo un texto de esta escritora irlandesa, Iris Murdoch que hizo de este libro "El Mar, el mar" un clásico de la literatura.

El mar que se extiende ante mí mientras escribo, más que destellar, resplandece bajo el suave sol de mayo. Con el cambio de marea, se recuesta calladamente contra la tierra, casi sin huella de ondas ni espuma. Próximo al horizonte es de un púrpura suntuoso, marcado por líneas irregulares de verde esmeralda. En el horizonte es índigo. Cerca de la playa, donde la visión se da enmarcada por amontonamientos de desiguales rocas amarillas, hay una franja de verde más pálido, helado y puro, menos radiante y sin embargo opaco, no transparente. Estamos en el norte, y la luz brillante del sol no puede penetrar en el mar. Allí donde el agua golpea suavemente sobre las rocas sigue siendo una superficie de color, como una piel. El cielo sin nubes es muy pálido en el horizonte índigo, que le pone un leve trazo de plata. Su azul se intensifica y vibra hacia el cenit. Pero el cielo parece frío, hasta el sol parece frío.

Iris Murdoch

Primeros meses, alegría y tristeza

Cada día sabemos más y entendemos menos.
Albert Einstein

Llevo años detrás de quedarme embarazada y ahora que lo estoy de dos meses, estoy aterrorizada.

Son palabras de Pilar, mañana cumplirá nueve semanas de gestación y está asustada. Ha pasado de sentirse una mujer fuerte y segura a verse frágil y vulnerable, saltando de la nostalgia a la euforia con una desconocida facilidad. A veces tiene accesos de mal humor, otras por el contrario no cabe de gozo. *Incluso mi pareja piensa que estoy muy rara. No me reconozco.*

Esa ambigüedad emocional es necesaria y hasta saludable. ¿Saludable? Sí, porque es una respuesta adaptativa a los cambios cognitivos y emocionales que se están produciendo en tu interior. Demasiados cambios. Dejas tu papel de hija dependiente, mujer joven feliz, despreocupada, abrazas otro rol. Teniendo en cuenta que una gestante se mueve entre la fantasía, ansiedad, paz, miedo, lo que experimentas es absolutamente normal.

A partir de la duodécima semana la madre es vista de manera social. Empiezas a sentir que realmente estás embarazada, ha pasado el primer tramo, el más frágil, y sigues adelante. Y entonces aparece miedo, confusión, alegría y tristeza.

A grandes rasgos, estos cambios pueden resumirse en:

➢ Incertidumbre sobre el momento. *No sé, quizás deberíamos haber esperado unos meses, puede que un año…*
➢ Miedos. *No hay día que no esté en alerta, cualquier signo raro, cualquier cosilla me pone en guardia.*
➢ Incomodidades físicas. *Entre las náuseas, mareos, acidez, sueño, ganas constantes de orinar y este cansancio repentino, estoy hecha un cromo.*
➢ Incertidumbre en los nuevos roles sociales. *No estoy segura de ser una buena madre, no tengo experiencia y lo peor es que a mi pareja le pasa igual. Los dos nos sentimos perdidos.*
➢ Preocupaciones materiales. *Con lo que cuesta criar un hijo, no sé cómo vamos a afrontar todos esos gastos.*
➢ Temores y Fantasías. Deseos encontrados. *Me paso los días imaginándome con mi bebé en brazos. Paseando por el parque los tres. Mirando embobados su carita, su pelo, los ojitos… Ay. Y también asustada ante el cambio que se avecina.*
➢ Alegría. *Nunca imaginé ser tan dichosa, este hijo es un proyecto de vida, nuestro proyecto.*

Cuidarte emocionalmente es importante, no solo debes fijarte en la salud física. La salud emocional es esencial. Niveles elevados de ansiedad y estrés influyen negativamente en tu hijo. Existe muchísima investigación al respecto que demuestra que el modo como el bebé se desarrolle en el útero afectará al niño toda su vida. Y ese desarrollo depende de tu alimentación, física, mental y emocional. Cuenta también con cambios a nivel del deseo sexual. Experimentarás disminución de la libido, debido a la sensibilidad de los senos, las náuseas y la fatiga.

Lo esencial es que la futura madre sepa que estos cambios son mecanismos de adaptación. Cambios que deben vivirse como una etapa pasajera y necesaria. Experimentar temores, ambivalencia, inseguridad y fantasías es normal. Conocerlos y aceptarlos hará más sencillo el resto de las modificaciones que aparecerán en los próximos meses. Al igual que sucede con las estaciones, a la primavera le sigue el verano.

Albert Ellis y las creencias irracionales. Luces y sombras

Hay tres monstruos que nos impiden avanzar: Tengo que hacerlo bien. Me tienes que tratar bien. Y el mundo debe ser fácil. A. Ellis

Corrían los años cincuenta cuando Albert Ellis, uno de los psicólogos más influyentes de nuestro tiempo, habló sobre las creencias irracionales. Es el creador de la terapia racional emotiva o TER.

Poco ha cambiado desde entonces porque seguimos con idénticos miedos, pensamientos que siguen vigentes desde que el mundo es mundo. Sus ideas sobre la importancia del lenguaje y las emociones son uno de los pilares básicos de la psicología cognitiva. Albert pensaba que los pensamientos, emociones y conductas están íntimamente relacionados. Cierto. Si modificamos las ideas, cambiamos los otros dos componentes. Sencillo, pero a veces difícil de aplicar.

Todos sabemos que muchas de nuestras ideas sobre las gentes o sobre nosotros son ilógicas. Pasamos demasiado tiempo pensando, y en el embarazo, etapa de miedos que silenciamos, aún más. La mayoría de ellos se quedan ahí enganchados en nuestro interior, como una especie de molesta pelusa.

Algunos de estos pensamientos son:

➤ La necesidad de ser amada y aprobada por todas las personas significativas. *Tengo que decir y hacer lo que los demás esperan de mí como una futura y buena madre. Quiero ser perfecta, quiero ser la mejor.*

➤ Es terrible que las cosas no funcionen como a una le gustaría. *Deberían estar más pendiente de mí, deberían ayudarme, deberían...*

➤ La desgracia y el malestar humano están provocados por las circunstancias externas, y la gente no tiene capacidad para controlar sus emociones. *La culpa de todo lo que me pasa la tienen los demás, mi pareja, mi madre, mis amigos, el embarazo, mi suegra, mi trabajo...*

La alfabetización emocional y la tolerancia pueden lograrse concediendo a las otras personas el derecho a equivocarse, aun cuando no estás de acuerdo con ellas, pero sin rechazarlas ni despreciarlas como seres humanos por comportarse de ese modo.

A. Ellis

¿Cómo puedes desmontar estas ideas?

➤ Las cosas son como son, a veces pueden gustar y a veces no. La naturaleza no es perfecta y por ello no es terrible.

➤ Tú eres la única persona que puedes escoger qué actitud tomar respecto a lo que te sucede. No podemos cambiar nuestro alrededor, pero sí podemos elegir nuestros pensamientos, tras ellos nuestras emociones nos seguirán como polluelos a su madre.

➤ Pensar en lo que puede suceder, que casi nunca ocurre, te lleva a no disfrutar de lo que estás viviendo.

➤ Hay más de una solución para cada problema.

Piénsalo bien. A veces te encuentras, yo misma solía hacerlo, preguntándote: "¿Estaré a la altura de lo que se espera de mí? ¿Sabré ser una buena madre?" Y un largo etcétera de diálogo interno agotador e inútil que nos aplasta e inmoviliza. Ideas irracionales.

Sugerencias para la acción:

➢ Cuando aparezca alguno de estos oscuros y torpes pensamientos, respira profundo y cambia de actividad. Abre la ventana y déjalos en ese lugar, ya se irán.

➢ Céntrate en el aquí y ahora. Es lo único real y tangible. Disfruta de este tiempo. Recuerda que llevas una vida dentro. Eres mágica y eso solo pasa pocas veces en la vida.

➢ Sonríe y diviértete. Mira comedias sobre embarazo. Lee esos divertidos libros que hablan de la espera. Utiliza el humor contigo misma. Reírse de una misma es signo de inteligencia.

➢ Discute esas ideas contigo misma como si lo estuvieras haciendo con una amiga.

➢ Escribe esas ideas irracionales en un papel y después rómpelo en trocitos. Respira hondo y relájate.

Después, deja pasar las horas y habla con tu pequeño que está ahí dentro sintiendo a su manera lo que le pasa a su madre por la cabeza y sobre todo por el corazón. Feliz embarazo.

Se produce la ansiedad cuando las personas se exigen hacerlo todo bien y sienten que no tienen valor suficiente como seres humanos si no lo hacen. Deberíamos renunciar a la ambición de vivir una vida perfecta y darnos cuenta de que siempre solemos actuar de forma imperfecta, pues somos falibles como seres humanos, y podemos aceptarnos con esas imperfecciones.

A. Ellis

Líquido Amniótico

Como pez en el agua, así debe sentirse un bebé envuelto en líquido amniótico. Para mí, uno de los grandes misterios de la vida. ¿Cómo puede estar un cachorro humano tantas horas, días, semanas y meses bajo el agua y salir como si nada?

El color de este fluido es transparente, aunque al final del embarazo se vuelva lechoso (grumos de vernix o grasa del bebé) o ligeramente turbio.

Un compuesto mágico de aminoácidos, lípidos, vitaminas, sales minerales, hormonas, proteínas, carbohidratos, enzimas y un largo etc. de dulce sabor que consigue un entorno aislado y agradable para el pequeño ser. En él, es posible hallar células epidérmicas, de las membranas amnióticas, lanugo (especie de pelusilla que recubre su piel), células del tracto respiratorio, urinario y vaginales en los fetos femeninos.

El líquido amniótico se mueve, se renueva constantemente a medida que el feto lo traga, lo inhala y luego lo libera o expulsa a través de la orina. Hay que tener en cuenta que la mayoría de los fármacos consumidos por la madre reposan en ese líquido durante bastante tiempo. Por ejemplo, cuando una gestante consume alcohol, este permanece en el líquido amniótico por un periodo elevado, tres veces mayor que el tiempo que tarda la madre en eliminarlo.

También sabemos que las papilas gustativas del feto memorizan el sabor del líquido. Sabor marcado por los alimentos que ingiere su madre. Un pequeño gourmet afectivo de las comidas de mamá.

Similar al plasma materno y con niveles salinos igual al agua de mar, el líquido está siempre en movimiento. Alrededor de la semana 34 su volumen ronda un promedio de 800 ml. Al final de la gestación comienza a disminuir, razón por la cual se puede apreciar cuando la embarazada refiere esa sensación de que la barriga "ha bajado" en las últimas semanas.

Funciones:

> Protege de agresiones externas, actuando como un amortiguador.
> Mantiene la temperatura constante.
> Ayuda al desarrollo pulmonar.
> Forma un ambiente adecuado para el desarrollo fetal.
> Favorece la libertad de movimientos.
> Colabora en el parto, ayudando en la dilatación cervical.

Además, se ha descubierto en la Universidad Wake Forest y la de Harvard, que el líquido amniótico también es una fuente abundante de células madre no embrionarias, que conservan la capacidad de diferenciarse en diversos tipos de células, como neuronas, hepatocitos y osteocitos.

Un agua milagrosa, aguas que transporta el eco de una voz, la voz de la madre. Todo un misterio.

El negocio del embarazo, la feria de las vanidades

A la sociedad le interesa que usted consuma y que piense que el consumir le hará feliz.
Eduardo Punset

Antes de estar embarazada no era consciente de la cantidad de necesidades que iba a tener después, o mejor dicho, las que la sociedad me ha creado. Son palabras dichas por una gestante agobiada por ese bombardeo continuo que no cesa de aparecer. Un consumismo que despunta como una planta trepadora sin control, tras saber que el test de embarazo ha salido positivo.

Por más vueltas que le doy, la conclusión es idéntica: el embarazo es un proceso normal y fisiológico que sucede en el 90% de los casos en mujeres sanas que han decidido ser madre. Un proceso que no precisa artilugios ni un gran desembolso económico.

Sin embargo, navegando por ese océano de web o sencillamente paseando por la calle, aparecen magos sin chistera que solucionan con su varita mágica, monetaria, por supuesto, los incontables problemas a los que se enfrenta una gestante, dando la impresión de que gestar es casi sinónimo de enfermar.

La sensibilidad propia de este estado y el bombardeo publicitario han hecho que el valor de la emotividad se convierta en necesidad, palabra más suave y vaporosa que la agresiva y vulgar "consumismo". Y para ello mejor que sea a través de un enfoque multidisciplinar, es decir, empresas, particulares, profesionales y un largo etc. que ofrecen soluciones económicas y eficientes.

Y me pregunto, ¿soluciones a qué? Soluciones comerciales de quienes buscan contemplar el embarazo como un proceso patológico del que desean obtener su parte del pastel. Se crean necesidades y con ellas aparece la población diana a la que van dirigidas. Y claro, las gestantes son un terreno abonado del que brotarán clientes como amapolas en un campo.

Al crearse la necesidad, nace el producto, el mercado y el filón de oro consumista. Mobiliarios, artilugios, naderías. Una singular industria que juega con el componente emocional, sobre todo, del primer embarazo. Parece que sin la intervención de los expertos y sus arreglos no podrá ir bien. Los cuidados que las mujeres recibían de su madres, amigos, familiares y pareja, son ahora inexistentes. Las futuras madres aparecen como dependientes de legiones de entendidos cuya única misión es hacer la incómoda vida de la gestante más placentera.

Un fenómeno investigado por la psicología social. John French y Bertram Raven estudiaron las relaciones de poder en la sociedad. El poder del experto. La capacidad de poder que otorga ser competente en algo, especialmente si los otros ignoran todo o parte y se manifiesta en aceptar sus directrices sin cuestionamiento alguno.

Farmacéuticos que cuidan de las embarazadas ¿Cómo? Osteópatas que poniéndote en sus manos desde antes de la gestación hasta el parto logran una armonía corporal perfecta. Podólogos que miman con esmero los sufridos y edematizados pies. Médicos estéticos que mediante infiltraciones en la dermis de factores del crecimiento previenen las antiestéticas estrías. Dietistas que ofrecen valiosísimos consejos de un experto en nutrición. Fisioterapeutas específicos que ayudan a llevar mejor el embarazo y dentistas, porque solo un odontólogo puede darte medidas preventivas para reducir las bacterias de tu boca.

A todo esto, se une un arsenal de productos de belleza y ropa premamá, de algodón orgánico 100%, que te hará sentirte guapa, radiante y ecológicamente responsable en esta maravillosa etapa. Y no solo para ti, si no también pensando en tu hijo. Qué mejor que un entendido para aconsejarte cosas absurdas para tu criatura.

Esa idea tranquilizadora de que un bebé solo necesita leche y amor se nos está desmoronando. Los gastos de crianza se han disparado. El otro día en las clases de maternidad, una gestante contaba que, tras rechazar la sillita más cara, la vendedora le dijo que era la única sillita homologada para coche. Si elegía otra, cualquiera de la tienda, podría desnucar al bebé. ¡Tremendo! La gestante salió pitando, dejando a la deshonesta empleada con la boca abierta.

Y cuando crees que todo está inventado, aparece alguien, un supuesto profesional hablando de cosas raras. ¡Alucinante! Hablo de los auriculares colocados en el vientre para estimular el cerebro fetal. Me pregunto: ¿no sería mejor que esa música fuera escuchada por los dos? Compartir esa experiencia como una unidad. Un estudio revela que los fetos pueden oír la música a través de la vagina de la madre a partir de las 16 semanas de gestación. Y claro, el artilugio en cuestión ya está comercializado y puesto a la venta. ¿Os imagináis? Sin palabras.

¿De verdad necesitas todo ese ejército de "entendidos" para estar bien? Dieta mediterránea, descanso, caminar, y un largo etc. de medidas sabias y saludables que todos conocemos. Pregunta a tu matrona, pregunta a tus familiares. Ser fuerte conlleva ser poderosa, reflexiva, critica. Sensatez, sentido común y poco más.

Carta a amigos y familiares

Se acerca el tiempo final y tengo miedo. Antes de que el cansancio me abrace y el temor me haga más vulnerable de lo que ya me siento, quería pediros unas cositas:

➢ Decidme que estoy guapa, aunque no lo penséis y me veáis hecha un tonel, sed encantadores y decírmelo.

➢ Estoy tranquila y un poco asustada, también. Una dulce agitación sube y baja por mi vientre, por mi cabeza, por mi alma. Me siento alegre y nostálgica. Hay tanto que quisiera decir, pero la mayoría de las veces no sé por dónde empezar.

➢ Evitad llenar mi cabeza de imágenes dulzonas y falsas expectativas.

➢ Mimadme sin excesivas concesiones. Necesito sentirme fuerte e independiente.

➢ Repetidme que seré una buena madre, que trataré de hacer las cosas lo mejor posible.

➢ A pesar de mis ojeras, mi cara de cansancio y las manchas de la piel, decidme que estoy radiante.

➢ Por favor, no me contéis historias de espantos, ni habléis de finales tristes, ni partos desgarradores, ni nada que suene a drama, pesimismo.

➢ Respetad mi decisión de querer vivir un parto natural. Y si llegara a cambiar de idea, respetad mi opción, sin juzgarme.

➢ Llenad mis días de palabras alentadoras, fuertes, hermosas, sabias. Sed pacientes conmigo, hay días que ni yo misma me entiendo. Cuando estoy con vosotros me siento especial, me siento mejor.

➤ Como sabéis, quiero dar lactancia materna, pero si las cosas no salieran como espero y tuviera que recurrir a lactancia artificial, apoyad mi decisión.

➤ Ofrecedme vuestra compañía como el mejor de los regalos, el placer sencillo y vital de la amistad. Vuestro tiempo, vuestra cercanía es lo más valioso que me podéis regalar.

➤ Y si en algún momento alguna palabra, algún gesto os ofende, disculpadme. Este baile de hormonas y sentimientos me pone muchos días al borde de un ataque de nervios. Sabed que os quiero, sois todo mi universo.

Los amigos y la familia son el mejor soporte emocional que puede tener una embarazada. Sentir que formas parte de una familia, un grupo de amigas o un colectivo profesional refuerza los sentimientos de cohesión social y autoestima. Las relaciones nos hacen fuerte y nos ayudan a mantener un sano equilibrio mental. Se ha demostrado que el apoyo emocional es la forma más poderosa y eficaz de apoyo que se puede dar a alguien en una situación de estrés, incertidumbre y cambio de roles.

El embarazo, el gran cambio.

Comer por dos

No lo he podido evitar. ¡He comido como si llevara tres hijos dentro!, fue la respuesta de una gestante ante mi sorpresa por sus 24 kilos engordados en su primer embarazo. Si, habéis leído bien ¡24 kilos! Llevaba comiendo todo el embarazo como si portara más de dos bebés dentro.

Aún le faltaban varios días para las treinta y ocho semanas. Estuvo ingresada por problemas derivados de su sobrepeso: hipertensión arterial, proteinuria (proteínas en la orina), diabetes gestacional, edemas (acumulo de líquidos en piernas y pies). Cuando le pregunté a la joven la causa de su excesiva ganancia de peso, argumentó dos razones; un hambre canina y una ansiedad que solo podía manejar a través de la comida.

Aún recuerdo la sensación de inminente apetito que me entraba en los primeros meses de embarazo. Una mañana entré en una pastelería y tras engullir dos donuts y un pastel de manzana me quedé como si hubiera comido una galletita. *Menudo camino llevas*, me dije, *y eso que eres matrona.* Fue la primera y la última vez.

Amé las zanahorias con pasión incontrolada, me hice amiga eterna de las ensaladas, y las infusiones calientes sonaban a música ambiental. Puse una cruz sobre el picoteo devastador, las pícaras chuches, los helados presuntuosos, la bollería indecente y las calamitosas tostadas de mantequilla y mermelada. De vez en cuando me premiaba con algún pastel artesano o un helado de yogurt. Recuerdo saborear aquellas mini porciones de comida censurada como si fueran auténticas delicatessen.

La comida es uno de los refuerzos más poderosos que existen, un premio más que merecido al esfuerzo que supone la pre-maternidad. En el embarazo somos más sensibles a las hipoglucemias, a los cambios de humor, a los antojos y a esa consabida frase de que hay que comer para dos.

¿Qué es lo importante?

Eliminar la comida procesada, precocinados, bollerías y comidas muy elaboradas con salsas cargadas de calorías. En general, todos aquellos alimentos preñados de colorantes, conservantes, saborizantes y un largo etc. que no son nada recomendables. Por unos meses, selecciona lo que comes y mira con lupa todo aquello que ingieres. Posponer el refuerzo de la comida, de esos antojos nada recomendables, fortalecerá tu autoestima. Piensa en tu hijo, manejar la tentación de lo banal es más sencillo si piensas en él.

A grandes rasgos, te dejo algunas sugerencias para calmar ese apetito voraz de los primeros meses y la inevitable ansiedad que llevas entre manos:

➤ Realiza cuatro o cinco comidas diarias. No te saltes ninguna comida. Es importante comer poca cantidad varias veces al día.

➤ Visita la cocina y el frigorífico lo menos posible.

➤ Mastica los alimentos despacio. Tu estómago requiere al menos 15 minutos para enviar el mensaje de saciedad a tu cerebro.

➤ Anota lo que comes, de esa forma podrás valorar objetivamente tus comidas.

➤ Ten a mano zanahorias peladas, fruta preparada, trozos de apio y verdura lista para ser consumida.

➤ La manzana es la reina de las frutas. Úsala en ensaladas, en compota, de postre. Es un buen antiácido.

➤ Déjate seducir diariamente por las ensaladas y los alimentos a la plancha.

➢ Utiliza infusiones: roibos, tila, jengibre, menta sin poleo, hinojo. El agua caliente provoca saciedad de forma inmediata.

➢ Prémiate de vez en cuando, porque te lo mereces, con algún "alimento evitable" Por ejemplo, una onza de chocolate con alto contenido de cacao.

➢ Haz una lista de esas comidas censuradas que comerás al volver a casa tras el parto o la lactancia.

Posponer los refuerzos a largo plazo es más beneficioso que esa 'pegajosa' sensación de saber que has obrado de forma errónea. Usa con frecuencia la palabra *calidad* y, ante la duda, piensa en tu bebé. Recuerda, come comida real, la que no lleva etiquetas. Serán sólo unos meses, después tienes la vida entera para comer lo que te apetezca. Que aproveche.

Mensajes para gestantes. Sentido y Sensibilidad

Navegando por este mundo virtual, donde es fácil perderse, aparecen páginas con consejos del tipo: cosas que no decir a una embarazada. Curioso. Las sugerencias abarcan un rango que va desde un paternalismo rancio hasta una hermandad femenina bienintencionada. Incluso algunos aconsejan cómo dirigirse a una mujer en ese estado de buena esperanza. ¡Increíble! Como si de pronto el embarazo nos trasformara en extraterrestres y necesitáramos un código para interaccionar con los demás.

Sentido y sensibilidad, eso es lo que una mujer embarazada precisa.

Las recomendaciones más frecuentes suelen ser:

Sugerencias infantiloides referidas, sobre todo, al aspecto físico, que, al parecer según algunas personas, es lo que más preocupa a las futuras mamás. La imagen y la ropa es fundamental. También aparecen sugerencias sobre qué decir o evitar decir. Como si las mujeres al gestar nos volviéramos ñoñas, hipersensibles, influenciables. Como si ciertos comentarios despertaran a la imprevisible y cambiante mujer que habita dentro. Una especie de ser dependiente, débil y vulnerable que pasa los días en un vaivén emocional mirándose el ombligo. ¿De verdad damos esa pobre imagen?

En algunos foros y blogs encuentro mujeres molestas por el trato, pueril, recibido cuando están gestando. La mayoría de los consejos hablan de silenciar la percepción de un supuesto cuerpo grueso y deformado para no entristecer a la mujer. ¡Por favor! Seguro que en la red no existen páginas, por ejemplo, sobre qué no decir a un culturista acerca de sus músculos deformes, sus bíceps desproporcionados. Porque una cosa sí está clara. El cuerpo de una gestante no es comparable a un cuerpo no gestante. Esto es importante, muy importante.

Lo curioso es que entendemos lo que leemos. Me explico. Los enunciados negativos consiguen el efecto contrario. Se memoriza el mensaje y al final acabas centrándote en aquello que quieres evitar. Cuando decimos; evita pensar en un elefante blanco ¿en qué pensamos?

El embarazo es un momento emocionante, grandioso. El cuerpo y la mente se reinventan, la lucidez se dispara. El cerebro femenino alcanza una claridad inusitada tratando de gestionar el cambio vital que sucede dentro de cada mujer. Puede que haya cierta melancolía y el delicado tejido afectivo en ocasiones se vuelva áspero. Lo sé. Pero todos esos procesos entran dentro de la bendita, y también incómoda, normalidad. Vivir, ser madre no es un camino de rosas.

Lo que más me asombra son las historias catastróficas que algunas gentes se empeñan en contar una y otra vez. No se dan cuenta que la información negativa resta, provocando ansiedad, temor y desconcierto a una gestante que de por sí ya cuenta con sus propias preocupaciones. ¿Qué consiguen estas personas contando partos desastrosos? Nunca lo entenderé. Cháchara vacía y torpe que daña más que ayuda.

Es importante centrarnos en los mensajes positivos. Un refuerzo amable, coherente y sabio es todo lo que necesita oír una mujer embarazada. Usemos el corazón, sentido y sensibilidad.

Estas son algunas frases que les gustarán escuchar a las futuras mamás.

➤ Enhorabuena, eres muy afortunada.
➤ ¿Cómo te sientes? Puedes contarme lo que desees.

➢ Disfruta de este tiempo mágico.

➢ ¡Qué linda y plena te ves!

➢ ¡Puede que no te sientas muy cómoda, pero estás radiante!

➢ ¡Desprendes una energía especial!

➢ Dentro de un tiempo te sentirás más ligera y feliz con tu hijo en brazos.

➢ Confía en ti, lo sabrás hacer fenomenal.

Diez cosas que deberías evitar durante el embarazo

➤ Tomar alcohol.

Está demostrado su efecto nocivo, teratogénico. Ni una gota.

➤ Pensar en negativo.

¡Por supuesto que todo irá bien! Atraemos lo que pensamos, suele decirse. Puestos a elegir, ¿por qué no pensamos en lo bien que puede salir todo?

➤ Pasar tu tiempo de ocio tirada en el sofá.

El ejercicio físico, los paseos y las actividades al aire libre tienen innumerables ventajas. En ocasiones un paseo es la mejor terapia. Sirve para todo.

➤ Comer cosas insanas.

Creo que en el siglo XXI todos nosotros sabemos lo que es insano. Sólo serán unos meses y luego tendrás toda la vida para elegir.

➤ Abandonar, descuidar tu aspecto físico.

Mírate bien, estás preciosa, llevas una vida dentro. No te compares con la que eras antes, esa mujer no estaba embarazada. Obsérvate, échate besos. La luz de un rostro gestante tiene una luz especial.

➤ Comprar compulsivamente montones de cosas y cosas para el bebé.

Ten presente que lo único que necesita tu hijo es a ti y algo de ropita. Calor, leche y abrazos, nada más.

➤ Ignorar al padre en la toma de decisiones.

A tu pareja le encantaría opinar y participar en todo, seguro. Al menos dale la opción, aunque tu universo sea eminentemente femenino, sin él no serías quien eres.

➢ Continuar con el mismo ritmo de trabajo o estrés que llevabas antes del embarazo.

Hay montones de evidencias del efecto perjudicial del estrés. Tomate tú tiempo y descansa.

➢ Aparcar el sexo hasta después del parto.

El sexo es saludable, aconsejable y recomendable. Si hubiera alguna razón para que estuviera desaconsejado, tu matrona o el ginecólogo te lo dirían.

➢ Escuchar historias tóxicas.

Algunas gentes disfrutan contando sucesos negativos, catastróficos; huye de ellas como de las tormentas.

Gestación, tristeza y desánimo

He deseado este embarazo con todas mis fuerzas, debería sentirme alegre y feliz. Sin embargo, me encuentro triste, decaída, aterrada sin dejar de pensar en lo que se me viene encima. A veces despierto por la noche, asustada, sin poder volver a dormirme. He perdido el apetito. Me encierro en casa sin ganas de salir. Hay días que estoy sin energía, con un cansancio raro, agotador. A punto de gritar socorro. Lo peor de todo es que soy incapaz de contarlo. No puedo decírselo a mi marido, que flota en una nube; ni a mi madre, que no cesa de cuidarme, ni a la matrona; que insiste en que asista a sus clases, ni a mis amigas que solo hablan de lo feliz que debo estar. No puedo contarlo a nadie, me verían como un bicho raro. Qué vergüenza. De verdad, no lo entiendo. ¿Qué me pasa?

Guardé este testimonio que encontré en internet haciendo una búsqueda para preparar unas clases. Llamó mi atención escuchar a esta embarazada hablar de sus emociones y sentimientos con tanta sinceridad. Hoy vuelvo a él para hablarte de ello. Hablarte de esa especie de tristeza pasajera, abatimiento o episodios de depresión subclínica que puedes experimentar en el embarazo.

Y es que el temor y la incertidumbre ante la llegada del bebé inunda los días de luz suave y difusa que nos hace sentir más vulnerable, desnudas, como si nos quitaran la ropa. Hace años se pensaba que las hormonas de la gestación protegían a la madre de las alteraciones de ánimo, como cuadros depresivos y ansiedad. Hoy en día, se cree que estas hormonas alteran la química cerebral propiciando esas emociones tan incómodas y desconcertantes que puedes sentir.

La investigación sugiere que muchos de los trastornos depresivos antenatales son el resultado de la amplificación de los síntomas físicos propios del embarazo. Es importante diferenciar cuadros pasajeros de tristeza o melancolía de otros cuadros que revisten mayor gravedad. Se sabe que un 33% de las mujeres experimentan depresión clínica o un trastorno de ansiedad en algún momento de la gestación.

Un proverbio chino dice: *"No puedes evitar que los pájaros de la tristeza vuelen sobre tu cabeza, pero sí puedes evitar que aniden en tu cabellera"*.

Durante el embarazo, una gestante se comporta como una bailarina bailando sobre puntas, en equilibrio constante. Miedo, imaginación, ansiedad. Se sabe que el estado emocional de la mujer varía en función del periodo de gestación. Aparecen más altibajos emocionales al principio y al final de esta. La mayoría de las veces remite espontáneamente en el 3º trimestre, cuando aceptas tu situación y tus respuestas son más adaptativas.

Todos lo sabemos, el mito de que la mujer embarazada debe ser muy feliz es casi viral. Cierto. Y revelar sentimientos de tristeza puede llegar a ser muy duro. Sin embargo, necesitas hablar, expresarte y contar lo que piensas. Recuerda que puedes elegir los pensamientos que entran en tu cabeza, en tu conciencia. Igual que elegimos la ropa que nos ponemos, deberíamos elegir lo que pensamos. Tu cuerpo escucha lo que tu mente dice.

¿Qué puedes hacer?

➢ Ser honesta contigo misma y aceptar esas incómodas emociones como quien acepta las tormentas. El mal tiempo viene y va.

➢ Contar con un sistema de apoyo social fuerte. La mayoría de las madres han pasado y sienten lo mismo que tú, sólo que lo han silenciado. Busca amigas, compañeras de trabajo, tu pareja, tu familia, y cuenta con ellos. Utiliza la terapia de conversación.

➢ Salir a la calle, fototerapia. La terapia de luz es una de las alternativas que eficazmente se emplean para cuadros melancólicos o pseudo depresivos, según un ensayo publicado en la *American Journal of Psychiatry*.

➢ Tómate las cosas con calma, relativiza las preocupaciones y vive el presente.

➢ Rodéate de gente positiva, gente que te haga reír y te muestre el lado bello de la vida.

➢ Pasea, camina, baila, canta. Haz actividades divertidas.

➢ Si te sientes desbordada, acude a un profesional.

Lo esencial es pedir ayudar y dejarte cuidar. Cuando la ansiedad sobrepasa unos niveles esperados, causando angustia y malestar, precisas ayuda para evitar que un cuadro de adaptación psico emocional a tu nuevo rol se convierta en un cuadro depresivo. Sabemos que existe correlación entre la depresión prenatal y la incidencia de partos prematuros, cesáreas, preclamsia y depresión posparto.

Lo más seguro es que tus vaivenes emocionales no revistan gravedad. Si tienes alguna duda, aquí te dejo una relación de señales que, si las experimentas de forma continuada durante algunas semanas, pide ayuda a un profesional.

➢ Tristeza y llanto continuo.
➢ Temores, culpa y ansiedad.
➢ Insomnio.
➢ Irritabilidad.
➢ Ataques de pánico.
➢ Falta de apetito.
➢ Deseo de dormir y no salir de la casa.

Relájate y disfruta este tiempo único. Deja que los pájaros de la tristeza sobrevuelen tu cabeza y se marchen.

¿Puedo hacer ejercicio físico?

Una pregunta que os planteáis muchas de vosotras. He conocido mujeres que descubrieron el ejercicio físico en el embarazo y quedaron encantadas, de hecho, algunas madres siguieron practicando tras el parto.

Blanca, treinta y ocho años, tras el parto de su primer hijo, comentaba: *A nivel psicológico me hizo más fuerte ese pequeño reto de superación y disciplina que mantuve a partir de las doce semanas. Estoy convencida de que mi embarazo y parto fueron tan magníficos gracias a las caminatas y ejercicios que hacía en casa.*

Para hacer deporte como nadar, bicicleta estática, gimnasia suave, pilates, yoga o sencillamente andar y andar, solo hace falta grandes dosis de voluntad. A estas alturas el binomio salud y ejercicio físico es inseparable. Se ha demostrado que las gestantes físicamente activas se encuentran en mejores condiciones y afrontan mejor su embarazo que las gestantes sedentarias. Creo que hacer ejercicio físico en el embarazo, más que un acto de superación, es una necesidad.

Se debe evitar movimientos bruscos; saltar, ejercicios de impacto y flexionar excesivamente las articulaciones, porque la laxitud articular predispone a las lesiones. Es importante que al finalizar el ejercicio no sentirse extenuada. Un método de autocontrol para comprobar que la actividad no es demasiado intensa es poder hablar con naturalidad durante el ejercicio. Los mejores deportes son: caminar, bicicleta estática y natación.

En cuanto a las contraindicaciones, no es aconsejable en gestantes con amenaza de parto prematuro, CIR (crecimiento intrauterino retardado), hipertensión y todas aquellas indicaciones médicas que desaconsejen ejercicios físicos.

Entre las ventajas están:

➢ Disminución del dolor lumbar.
➢ Mejora del tono muscular.
➢ Mayor capacidad aeróbica.
➢ Mejora la circulación venosa.
➢ Mejora la calidad del sueño.
➢ Aumenta la percepción de autoeficacia, energía y optimismo.
➢ A nivel del bebé se habla de un aumento de la madurez cerebral debido a la exposición a estímulos vibratorios y auditivos que proporciona el ejercicio lúdico.

Hay que tener presente que la tolerancia al ejercicio, el ritmo y la duración están determinados por el nivel de entrenamiento que tuvieses antes del embarazo. Y por supuesto, ser precavida respecto al ejercicio irregular o aislado, ya que puede provocar molestias o lesiones musculares.

La intensidad deseable del ejercicio es incierta. El sentido común en cuanto al esfuerzo tolerable y el cansancio, son los que marcan el límite autoimpuesto por ti misma. Lo más esencial es sentirte segura cuando lo estás realizando. Escuchar tu cuerpo y disfrutar de lo que haces.

Recomendaciones:

➢ Realizar ejercicios regulares, tres veces por semana, es mucho mejor que realizar ejercicios esporádicos.
➢ Evitar la extenuación tras el mismo.
➢ Cuidar la alimentación con alimentos sanos. Tomar abundantes líquidos antes y después del entrenamiento.
➢ Evitar movimientos bruscos y de rebote.

> Evitar participar en actividades competitivas.
> Evitar sobrecalentamientos.

En definitiva, camina y muévete igual que la vida que llevas dentro. Te sentirás mejor, te sentirás más capaz.

Aquí os dejo un pequeño texto de Robert Walser, un escritor que hizo de los paseos su seña de identidad. ¡Adelante!

Hacía buen tiempo y al caminar tuvo la sensación de que todas las cosas lo besaban. Las tiernas hojitas le parecían volar a su encuentro como un enjambre acariciador y policromo. Los transeúntes, gente normal y corriente, parecían tan hermosos que uno sentía ganas de echárseles al cuello. Feliz, paseaba su mirada por todos los jardines y el cielo abierto. ¡Qué pureza y hermosura de esas nubes blancas, frescas! ¡Y aquel azul intenso y tierno!

El Ayudante. Robert Walser

2º trimestre, luna de miel

Alcanzar el 2º trimestre es todo un logro. Enhorabuena. Tras cruzar la frontera de las 12 semanas, tu embarazo comienza a tomar color, como si de pronto el sol sonrojara tus mejillas. Una asombrosa sensación de bienestar se adueña de ti. La ansiedad y el temor encogen por momentos y esas molestas náuseas e incomodidades pierden intensidad por arte de magia. Además, el bebé imaginado ya tiene un cuerpo real. Puedes notarlo, palparlo. Por fin la certeza de que estás embarazada es algo más que una imagen virtual. Los movimientos fetales se perciben en una mujer en su primer embarazo alrededor de la semana 18-20 y en mujeres que han tenido hijos en las semanas 16-18.

Ya puedes comenzar a ponerte ropa premamá y mostrar al mundo entero tu estado de buena esperanza. El día que te pones ese vestido holgado del que sobresale una incipiente barriga que a veces marcas más de lo normal, te sientes la mujer más feliz de la tierra. ¡Una reina! Igual que aparece el alba, aparece una tibia inquietud con el mundo maternal, informándote a través de webs del proceso de la gestación. Además, tu pareja puede tocarlo y sentir sus movimientos.

Empiezas a pensar en tu hijo. Te preocupas con mayor intensidad en todo lo concerniente al embarazo, parto y crianza. Descubres asombrada la magia de esa personita que crece en tu interior y observas con lupa lo que comes, lo que bebes y hasta lo que piensas. Reaparece el deseo sexual con el aumento de la libido. Hay mayor equilibrio emocional y te sientes más segura.

Por primera vez miras a tu madre con otros ojos. Surgen

nuevas preguntas y ella, encantada, regresa a aquel tiempo de espera. Tu mirada maternal se asemeja a la suya y esa plenitud que te habita te hace crecer por dentro y por fuera.

Fantaseas con el nuevo miembro de la familia, imaginas planes, creas mundos solo para él. Tu cuerpo se encarga del cuerpo del bebé. Tu mente abraza con reticencia y cariño la creación de esa idea sobre la madre que vas a ser. Tu pensamiento gira en torno a tu hijo, te detienes en las tiendas de bebés, te preocupa la cuna que comprarás, la ropa que llevará, su pequeño espacio. Y al igual que una cigüeña, comienzas con las conductas de anidación. *Hay que preparar sus cosas, su habitación, el mobiliario*, insistes a tu compañero que no cesa de repetir; *hay tiempo cariño, hay tiempo*. Y tú, mujer sensata y previsora, llenas los cuadernos de listas que ordenen el tiempo que está por llegar. Tu pareja no comprende tus cambios de humor, tus vanas preocupaciones. Tampoco tú entiendes esa montaña rusa de emociones que suben y bajan sin control.

En resumen, esta etapa se caracteriza por: sensación de bienestar, plenitud, ensimismamientos y labilidad emocional. Mientras llega el día que podrás tener a tu hijo en brazos, obsérvate, ríete de esas cositas raras que no entiendes y disfruta.

Preocupaciones inútiles. Hacer frente a la Normalidad

Hoy voy a hablaros de esas preocupaciones que tuve y podía haber evitado durante mis embarazos. Charlando con otras madres me he dado cuenta de que todas hemos vivido sentimientos parecidos, inquietudes semejantes con la misma agitación de fondo.

➤ Actividad reorganizadora exaltada. *Creo que nunca he tenido la casa tan ordenada como en el embarazo de mi primer hijo. Ahora sonrío, pero reconozco que me comporté como una neurótica. Menuda historia, como si para recibir al bebé todo tuviera que estar perfecto; su habitación completa, los armarios ocupados, sus cosas en orden. Todo ello sin contar las limpiezas generales, cambiar las cosas de sitio y acomodar el espacio para una criatura que pasó los días durmiendo en el dormitorio de sus padres.*

➤ Dar excesiva importancia a la opinión de los demás. *Cientos de consejos cayeron sobre mí como una losa, logrando que me asustara más de lo habitual. La mayoría sin ser solicitados. De poco sirvió ser matrona. Yo caminaba sobre un terreno insólito de arenas movedizas cuya práctica no se parecía a la teoría. Debí escuchar menos y confiar más. Confiar en mi pareja, en mí misma y esa vocecita que decía: "Miles, millones de mujeres logran hacerlo a diario, tú también podrás".*

➤ Alimentación y entorno. *Recuerdo una tarde de invierno, cruzarme de acera porque un coche que se encontraba alejado iba a arrancar, pensando en no inhalar los gases del motor. Un poco obsesiva, lo sé. Con la alimentación pasó algo parecido, fui demasiado estricta. Hoy sé que un poco de chocolate hubiera sido beneficioso.*

➢ Miedos y temores que temía contar. *En mi cerebro había una actividad frenética de pensamientos difíciles de conducir. Algunos luminosos, otros sombríos. Lo peor fue tener que silenciarlos por miedo a ese estúpido monstruo llamado "el qué dirán". Me costó trabajo compartir algunas cosas con mi pareja, el ginecólogo, compañeras y amigos. Curiosamente, otras madres habían pensado lo mismo. Ser matrona no me protegió de aquellos miedos, sino todo lo contrario, en ocasiones se aumentaban como si los observara con un cristal de aumento.*

➢ Molestias e incomodidades. *Todo era nuevo, sorprendente. Cualquier dolor, por leve que fuera, cualquier molestia debería significar algo, ¿no? Solo representaba que estaba embarazada. Conviví con la acidez, el insomnio, el vaivén emocional con cierto estoicismo. Sin embargo, los malestares propios de todos esos cambios me desconcertaban llevándome a preguntar si debía escucharlos o ignorarlos.*

Con el tiempo aprendí a hacer frente a esa bendita normalidad. Dejé de preocuparme y comencé a ocuparme de lo esencial; descansar, disfrutar del embarazo, pasear, relajarme, leer y convivir con el devenir de los días.

¿Qué aprendí de aquella etapa?

Que todos aquellos miedos y temores eran más que infundados y, sobre todo, comencé a entender que la vida es incertidumbre. Claro que, para entonces, ese aprendizaje se convirtió en agua pasada. Os cuento estas cositas por si acaso os pudieran ayudar a manejar mejor este tiempo que, aunque mágico, también resulta inquietante.

Meditación y Embarazo, celebrar la vida

Practiquen la meditación. Es algo fundamental. Una vez que se la disfruta, ya no se la puede abandonar, y los beneficios son inmediatos.
Dalai Lama

Todas las madres lo sabemos. Si hay algún periodo en nuestra vida en el que conectamos con mayor profundidad con nuestro cuerpo es durante el embarazo. Lo sentimos cambiar, crecer, ensancharse. Notamos una criatura moverse, hipar, descansar, sobresaltarse, relajarse. El cuerpo se percibe con la misma claridad que un cielo de estrellas en verano.

Una etapa perfecta para hacer silencio dentro y fuera de nosotras. Es tiempo de estar a gusto con tu cuerpo, sosegar tu mente y tu corazón. Hablo de meditación. Meditar no es dejar la mente en blanco, ni repetir palabras extrañas, ni sentarse en posición de loto, ni estar una hora con los ojos cerrados, ni vestir ropas blancas.

Meditar es estar aquí y ahora, en el silencio de tu alma, en la tranquilidad de tu habitación silenciosa, en medio de la naturaleza. Nos asusta hablar de alma, lo sé, solemos asociarla a tradiciones religiosas. Sin embargo, el alma es nuestra parte trascendente y espiritual, más allá de credos o religiones.

Meditar es observarnos sin juzgarnos por lo que sentimos en nuestro interior. Es centrarnos en la respiración y dejar que los pensamientos lleguen y se marchen. Volver a ser conscientes de inspirar, espirar y sentir la vida, la gratitud de estar vivos.

¿Cómo meditar?

Poner un tiempo. Cinco, diez minutos e incluso tres minutos para comenzar. Sentarse en un lugar cómodo y tranquilo, sin ruidos. La espalda recta, el cuerpo relajado. Cerrar los ojos y observar vuestra respiración. Poner atención en cada inspiración y en cada exhalación. Nada más, nada menos.

No hay éxito ni fracaso, no es medible en términos de rendimiento o eficacia. No hay nada que hacer, nada que esperar, solo estar contigo a solas. Sentir el latido de la vida, la tuya, la de tu bebé con doble intensidad. Al principio no es fácil quedarse en silencio con una misma, la aventura interior asusta. Después engancha. Como todos los comienzos, todas las disciplinas llevan su tiempo.

¿Por qué meditar? Montones de artículos científicos hablan de los innumerables beneficios de esta práctica ancestral. Un estudio publicado en Journal of Obstetric, Gynecologic, & Neonatal Nursing encontró que las mujeres que realizaron yoga y meditación lograron reducir sus niveles de ansiedad y estrés en el parto.

En líneas generales, sabemos que ayuda en procesos de tristeza y ansiedad, mejora el sistema inmunológico, el autocontrol, reduce la tensión arterial alta, ayuda en la gestión de emociones, favorece la introspección, mejora la función cerebral y un largo etc. Resulta asombroso que algo tan sencillo, tan fácil y tan económico sea tan beneficioso para todos.

Os animo a probarlo, aunque sea por curiosidad, si perseveráis os asombraréis del cambio tan imperceptible y profundo que experimentaréis con solo unos minutos de silencio al día.

Os dejo un texto del maestro zen Thich Nhat Hanh: "Estar vivo es un milagro… la meditación sentada es una forma de celebrar la vida…"

La meditación sentada es para nosotros un modo de volver al hogar y darnos a nosotros mismos cuidado y atención plena. Cada vez que nos sentamos, ya sea en el salón, al pie de un árbol, o sobre un cojín podemos radiar tranquilidad como el Buda sentado en un altar. Dirigimos nuestra atención plena a lo que está dentro y a lo que nos rodea. Dejamos que nuestra mente se haga espaciosa y nuestro corazón amable y suave. Sólo con unos pocos minutos sentados de esta forma, podemos restablecernos completamente. Cuando nos sentamos en paz, respirando y sonriendo con consciencia, tenemos soberanía sobre nosotros mismos.

La meditación sentada es muy curativa. Podemos estar con lo que quiera que haya en nuestro interior, ya sea dolor, ira, irritación, alegría, amor, o paz. Estamos con lo que haya en ese momento, sin ser arrastrados. Lo dejamos venir, lo dejamos estar y lo dejamos ir.

Estar vivo es un milagro. Estar sentado aquí, disfrutando de tu inspirar y espirar es ya felicidad. Como estás inspirando y espirando, sabes que estás vivo. Esto es algo digno de celebrar. De modo que la meditación sentada es una forma de celebrar la vida con tu respiración, inspirando y espirando.

Sheila Kitzinger, escritora y antropóloga del nacimiento

Nuestra manera de dar a luz es una cuestión política. Tiene que ver con el derecho que tiene toda mujer de dar a luz libremente y en un entorno amoroso. Mucho de lo que experimentamos como autocrático, impersonal y degradante en el cuidado de la salud de las mujeres en general y en el control social de nuestros cuerpos, está cristalizado en el sistema de tratamiento de la maternidad.
Sheila Kitzinger

Conocí esta autora a través del libro "Embarazo y Parto", una edición de los años ochenta comprada en Valencia mientras estudiaba para ser matrona. Me llamó la atención porque era la primera vez que escuchaba hablar de los aspectos emocionales de la maternidad. Las palabras que yo encontraba escritas en cursiva de mujeres y madres me desconcertaron por su contundente sinceridad. La novedad hecha latido. Decenas de testimonios alegres, tristes, desgarradores, entusiastas, apagados, lacerantes, ilusionados llenaban de colorido aquellas 350 páginas. Desde la gestación hasta las primeras semanas posparto. ¡Me encantó!

Esta octogenaria de ojos pequeños como perlas es una de las personas que más libros ha escrito sobre el hecho materno. Una escritora que informa y sosiega a todos aquellos que la leen. Autora de 24 libros, cientos de artículos científicos, conferenciante, profesora y sobre todo, madre de cinco hijas, es todo un referente y una autoridad en nuestro campo.

Fue una de las primeras voces en hablar de los planes de parto, allá por los años sesenta. Creadora de su propio modelo psicosexual del nacimiento es una firme defensora de la mujer y de los partos en casa para los embarazos de bajo riesgo. Su lucha contra las inducciones de parto indiscriminadas e injustificadas aún sigue viva y palpitante. Leyendo los testimonios en foros, prensa y blogs, yo diría que su mayor logro es hacer que las mujeres, madres, se sientan bien consigo mismas. ¡Qué gran mujer!

Nacida en Inglaterra en 1929, Sheila ha dedicado su vida a la investigación intercultural de las condiciones y los cuidados que se producen en los embarazos y partos. Una profesora universitaria que inspira, forma y tranquiliza a todos aquellos que con avidez y ternura devoran sus obras.

Doctora en antropología del embarazo, es una de las más influyentes defensoras de la libertad de elección de la mujer en su proceso de ser madre. Sus investigaciones acerca del parto y de los cuidados maternales en diferentes culturas, norteamericana, europea, sudafricana, neozelandesa, caribeña, sudafricana y japonesa son todo un clásico en la antropología social.

Sus libros cubren un amplio abanico de temas como son: experiencias de las mujeres en los cuidados prenatales, planes de parto, inducción del parto, emociones, epidurales, cesáreas, cuidados hospitalarios, alimentación, lactancia, experiencias de los niños presentes en los partos, estrés postraumático tras el nacimiento y un largo etc.

Conforme voy escribiendo esta entrada, descubro fascinada el gran trabajo hecho por esta veterana antropóloga. Magnífico. Su mirada tiene ese aire bondadoso y travieso de quien ha defendido a lo largo de los años a los más débiles y vulnerables; la madre y su hijo.

Tras esa sonrisa cálida y curtida me cuesta trabajo imaginarla combativa, la china del zapato profesional de muchos hombres, doctores, ginecólogos. Profesionales que nunca aceptaron sus investigaciones y rechazaron abiertamente que la mujer tuviera a su alcance toda la información posible para elegir qué tipo de parto desea.

Por suerte para todos nosotros, esta gran mujer luchó por conseguir que se respetara la naturaleza, dando voz a todos los que queremos una maternidad más consciente y personal. Nos dejó en 2005, pero su legado siempre permanecerá.

Ya sea un parto difícil o sencillo, doloroso o indoloro, largo o breve, no tiene por qué ser un simple evento médico. Jamás debería ser llevado a cabo como si se tratara de la extracción de una muela. Porque el significado del nacimiento de un niño tiene un significado mucho más profundo (...). La toma de conciencia de que un ser humano abre sus ojos por primera vez en el mundo viene cargada de sentido para la madre y el padre. Y también puede tenerlo para cualquiera que comparta esta, la mayor aventura de todas.

¡Qué torpe estoy!

—¿Cómo estás?

—Torpe, muy torpe. Estoy contando las semanas. Todo son molestias, dolores, tirantez, y eso sin hablar de las comidas; ardores, estreñimiento, pesadez... estoy hecha un cromo. Qué ganas tengo de que pase el tiempo.

Visto desde fuera, se podía pensar que esa persona está convaleciente de alguna enfermedad, sin embargo, estos comentarios pertenecen a una mujer en estado de buena esperanza. Es la transcripción exacta de una conversación que tuve hace poco con una mujer, estaba de treinta y cuatro semanas de gestación.

Lamentablemente, esas expresiones son muy frecuentes, demasiado. Da igual que sea un primer embarazo que un segundo o un tercero. Esas frases son extensibles a todas las épocas y quizá a cualquier lugar.

¿Qué sucede? ¿Realmente el final de la gestación puede resumirse en eso?

En las últimas visitas del embarazo ,cuando la gestante llega a la consulta y pregunto: *¿Cómo te encuentras?*, su respuesta se resume en un par de frases: *torpe, muy torpe, deseando acabar.*

La miro a los ojos y le digo; *no estás torpe, estás embarazada. Cualquier persona que llevara un bebé dentro y experimentara todos los cambios que estás viviendo se sentiría igual o peor que tú. Miles de mujeres darían lo que fuera por estar en tu situación.*

Una mujer embarazada no puede compararse con nadie que no esté gestando y mucho menos con ella misma. Su referente, su mirada se enfoca a una mujer no gestante; ágil, activa, segura, una mujer sin ningún ser vivo creciendo dentro. Su volumen sanguíneo aumenta significativamente mientras disminuye el volumen respiratorio. Sus órganos; pulmones, hígado, páncreas, bazo, intestinos... están comprimidos y desplazados por el volumen del útero. Durante este tiempo las digestiones se ralentizan y las hormonas escampan a sus anchas provocando una incómoda normalidad.

Por poner un ejemplo: el útero cambia de ser un órgano pélvico a ser un órgano abdominal. Su masa aumenta 10 veces. A lo largo del embarazo el cuerpo acumula 9 kilos. Este incremento del peso se debe a los productos de la gestación (feto, líquido amniótico y placenta) sumados al aumento de los tejidos de la madre: mayor volumen de sangre y edema, crecimiento del útero y de los pechos, y depósitos maternos de energía.

La lentitud en los movimientos, el equilibrio inestable, está marcado por el desplazamiento de la columna vertebral. El eje que marca el equilibrio se encuentra alterado y su estática corporal debe reajustarse, produciéndose esa marcha típica de embarazada. Has desarrollado adaptaciones anatómicas y mecánicas como respuesta a los cambios experimentados.

No hay comparación posible. Un cuerpo gestante no es equiparable a un cuerpo no embarazado.

En ocasiones el lenguaje, traicionero, nos condiciona y nos define. No es lo mismo torpeza que incomodidad, dolor que tirantez, suplicio que molestia. El componente negativo de algunas palabras es decisivo para que sintamos una u otra emoción. Las palabras crean mundo, lideran lo que pensamos y sentimos, no hay palabras neutras, todas tienen su carga emocional. Piensa en ello.

¿Cómo controlo el miedo al parto?

Nunca tengas miedo del día que no has visto.
Proverbio inglés

¿Cómo controlo el miedo al parto? Esa fue la pregunta que me hizo una joven de ojos verdes que acababan de ingresar por pródromos (fase previa al comienzo del parto).

Me senté junto a ella y le pedí que me relatara sus miedos. Comenzó por el rosario de historias que le habían contado sobre el mismo, a cuál más dramática. Y siguió por todos esos temores ancestrales que las mujeres llevamos dentro y algunos más. *Temor al dolor, a que el bebé sufra, a perder el control, a que me tengan que hacer una cesárea, al personal que me toque, a los pinchazos, a que sea muy largo, a alguna complicación, a que me dejen sola, a que no sepa empujar, a que me tengan que cortar, a que no me comporte bien.*

Como pude descosí su entramado de sustos pidiéndole que me relatara historias de parto que acababan bien. Un tapiz de palabras rosas y azules colorearon la habitación mientras contaba algunas burradas dichas por los acompañantes. Pareció calmarse, al final comenzamos a reír. Más tarde paseaba por el pasillo del brazo de su pareja. Parecía tranquila, parecía feliz.

No creo que haya otro momento en la vida de una mujer en la que experimente tal variedad de miedos. Es un desasosiego que entra con las primeras contracciones y la acompaña hasta el final. Desde el punto de vista biológico, el miedo es un mecanismo de supervivencia que permite a la persona responder ante situaciones adversas e inesperadas. Forma parte de la cultura y del entorno social. Es algo aprendido que, en parte, se puede desaprender.

Por regla general, aquello que desconocemos es lo que más nos asusta. Es la emoción más difícil de manejar y sin embargo, también es la más común. La conocemos bien, aprendimos a caminar con ella, a montar en bicicleta, a conducir. El miedo a sufrir es peor que el propio sufrimiento. Es normal sentir ansiedad o temor ante el momento más relevante de tu vida, todas lo hemos sentido, lo importante es no dejarnos dominar por él.

Hace más de dos mil años, Tito Livio, un historiador romano decía: "El miedo está siempre dispuesto a ver las cosas peores de lo que son". Ya ves, desde que el mundo es mundo, el miedo siempre ha sido compañero de los humanos.

Os dejo algunas sugerencias, que en algunos momentos de mi vida han sido útiles.

➢ Imagina lo mejor que podría suceder y como te sentirías al experimentarlo.

➢ Ponle nombre a tu miedo, habla con él, utiliza el sentido del humor.

➢ Sonríe, es imposible reír y estar asustada.

➢ Vive el momento presente. Es lo único real.

➢ Infórmate, pregunta a personas optimistas que hayan sido madres.

➢ Haz ejercicios de relajación, respiraciones que te calmen.

➢ Cambia de escenario, de actividad, ocupa tu mente en algo concreto.

➢ Reconoce tu suerte, siéntete afortunada de tener un hijo. Confía que todo irá bien. Miles de mujeres dan a luz diariamente y les va fenomenal.

En resumen, relájate y vive el momento. Dentro de unos años, cuando mires atrás, te reirás de todo aquello que temías y nunca sucedió.

Tercer trimestre, mirando hacia dentro

Se acerca la recta final. Las semanas que faltan para la fecha probable de parto (o FPP) danzan en el aire, revoloteando a vuestro lado como mariposas.

Es tiempo de introversión, tiempo de centrarse en esta etapa, en tu nuevo estado de paz, relajación y temor, también. En estas semanas sueles aislarte de amigos y familiares, buscas intimidad, tranquilidad, necesitas descansar.

Pasado el peligro de un posible parto prematuro o un incidente imprevisto, te sientes más confiada, más segura y empiezas con las conductas de nidación: preparar sus cosas, el carrito, la cuna, su ropita, la bolsa para llevar al hospital… De pronto despiertan temores dormidos. ¿Cómo será el parto? ¿Sabré cuando acudir? ¿Habrá imprevistos? Las contracciones de Braxton Hicks te descolocan ¿Serán así las contracciones de parto?

Por otro lado, las molestias e incomodidades empiezan a acompañarte de forma continua como un olor inquietante que te sigue a todas partes. A todo ello hay que sumar el cansancio, la incomodidad, alteraciones en el sueño, molestias en la espalda, el pubis y un largo etc. que aparece al final de la gestación. Quizás te sorprendas pensando: *¡qué lentas pasan las semanas! ¡Estoy deseando acabar!*

Te ves grande, abultada, hinchada, te cuesta trabajo moverte, descansar, duermes fatal, pasas la noche levantándote al baño. Tienes la sensación de que el tiempo camina demasiado lento. A veces presentas labilidad emocional de la que tú misma te sorprendes. *¡Dichosas* *hormonas!* Repites para tus adentros, tras ser consciente de ese tonto enfado, de esa tontería.

Los vaivenes emocionales son más frecuentes. Aparecen sentimientos ambivalentes. Por un lado, el deseo de que nazca el bebé se intensifica, pero el miedo al parto y a la crianza pone freno a ese anhelo. *¿Sabré hacerlo bien? ¿Cómo irá todo?*

También es frecuente la aparición de ciertos "despistes", ya que tu mente está centrada en tu hijo. Es posible que te sientas entusiasta y positiva o irritable. El inicio del tercer trimestre del embarazo a menudo puede estar marcado por un leve olvido. Aunque existe bastante diversidad. Ilusionada y asustada, fuerte y frágil, pequeña y grande. Una dualidad emocional por la que caminas durante las últimas semanas. En breve tendrás a tu hijo en brazos.

Bebé arco iris: la vida sale al encuentro

De la ausencia no se sale olvidando lo que se amó, sino volviendo a amar, es decir, reinventando lo que se ama sin olvidar lo que siempre nos faltará.
Fernando Savater

Bebés arco iris. Bonito nombre para un bebé que viene al mundo tras la pérdida de un hermanito que no pudo ver la luz del sol. Tres palabras para nombrar lo que no debería existir.

La investigación muestra que los padres que han vivido una muerte perinatal desean tener un hijo al cabo de un año. Un 80% de las mujeres quedan embarazadas en los siguientes 18 meses. A veces, el bebé arco iris no es buscado ni deseado y aparece en las vidas de sus padres entre la confusión y el desconcierto, la ilusión y el desamparo. ¿Qué va a suceder en este embarazo? Se preguntan asustados. La familia y amigos muestran su alegría, su entusiasmo por este bebé, convencidos de que el pequeño ayudará a la madre, a los padres, a olvidar al hijo que se fue. Imposible. Los padres saben que el hueco de su corazón permanecerá con ellos toda la vida, vengan los hijos que vengan después.

Autores como Côte-Arsenault y Marshall identificaron que la experiencia de un embarazo posterior para las mujeres era como "tener un pie en el embarazo y un pie fuera del mismo". Con un nuevo embarazo, reviven el proceso de una forma más angustiosa. El sentimiento de culpa aparece como una sombra perenne a su lado. En el primer trimestre, el miedo invade la alegría que deberían sentir y andan desorientadas, confundidas. Suelen hacerlo público más tarde de lo habitual, viviendo con cierta prudencia y desamparo las muestras de cariño y felicidad de los demás.

En el segundo trimestre, si coincide con la fecha de la pérdida, ésta se revive constantemente. Cada paso, cada día es un latido pesado que dificulta la paz. Un latido que escuchan incesantemente con el aparatito que han comprado para ello. Cuando por fin alcanzan el tercer trimestre, el pánico a ese día, generalmente programado, las atormenta a todas horas.

La vulnerabilidad es máxima. No saben qué sentir, no saben qué pensar. Las conductas de hipervigilancia son constantes, están muy asustadas. Se encuentras perdidas, al borde la vida, en la orilla de un latido.

"En todas estas situaciones, el marco de referencia de los padres para el siguiente embarazo es su experiencia anterior. Estos padres han perdido la inocencia. La probabilidad estadística les ha traicionado y, cuando se ha producido una muerte, viven con constante ansiedad, pensando que la muerte puede golpearles de nuevo", señaló Kowalski en 1991.

Se viven situaciones difíciles que se silencian en lo más profundo del alma. Nadie lo entendería y probablemente sea cierto. La experiencia del dolor por la pérdida de un bebé no es algo que se pueda contar, y mucho menos comprender. Lo mejor que podemos hacer es acompañar y, sobre todo, respetar. Esa es la palabra mágica, la palabra sagrada: ¡respetar! Estos padres necesitan apoyo emocional durante todo el proceso; el embarazo y el parto.

La mayoría de los padres refieren sentir como un angelito al bebé que se fue. Lo sienten a su lado e incluso le rezan, convencidos de que, desde el cielo, él o ella velaran por los suyos. "No se ha ido, sólo nos observa y nos cuida hasta que volvamos a encontrarnos".

Las madres que han vivido una pérdida perinatal tienen miedo de vincularse con su hijo antes de nacer. Miedo a cantarle, a tocarlo, a hablarle, a imaginarlo, a imaginarse con él. Temen encariñarse con el nuevo miembro de la familia, una forma de protegerse contra la incertidumbre de lo venidero. La palabra "deslealtad" hacia el ser que se fue aparece en el cielo de sus vidas como un cúmulo de nubes negras. Apegarse a ese bebé es algo que las llena de tristeza y ansiedad.

A veces se sienten profundamente agradecidas de esta oportunidad. Stephany relata "Me he animado a disfrutar más que antes de mi actual embarazo. Las náuseas matutinas, la acidez de estómago, las molestias… no pueden borrar la gratitud que siento ante la oportunidad de tener un hijo sano".

Es más complejo de lo que parece. Y aunque la presencia del bebé arco iris sea curativa y consoladora, jamás reemplazará al bebé que se fue. Lo que peor lleven estas madres es la falta de sensibilidad y comprensión de su entorno. Nadie puede entender que, acunando en brazos a su bebé arco iris, se pongan a llorar con la mayor pena del mundo por el hijo que no está. Nadie que haya pasado por esa experiencia puede entender los sentimientos de alegría y tristeza que se experimentan. Para los amigos, la idea de que un nuevo hijo hace olvidar al otro es una idea tranquilizadora y también irreal.

Bebés arco iris. Una forma poética de nombrar lo que no debió nombrarse, imagen poderosa, sencilla que inunda su cielo de esperanza y luz. Un milagro que llega con su propia sonrisa, la calma tras el vendaval. Sonríe. La vida sale al encuentro una vez más.

HISTORIAS

¿Dónde está mi tribu? Ser madre en una sociedad individualista

Las responsabilidades de la crianza nos permiten cuestionar si las copas, el cine o los deportes de riesgo son o no lo que de verdad nos definen como las personas que aspiramos a ser.
Carolina del Olmo

Tener hijos hoy en día parece un disparate. En este mar individualista navegan la ética del cuidado y la ética del mercado con sinuosa cordura y, sin embargo, tener un hijo es una oportunidad de cambiarle a uno y sobre todo una oportunidad de cambiar el mundo.

Esta es la tesis en la que se mueve este maravilloso, lúcido y necesario ensayo. "¿Dónde está mi tribu? Maternidad y crianza en una sociedad individualista". La autora, Carolina del Olmo, filósofa, escritora y esencialmente madre, narra con maestría las contradicciones, pensamientos, emociones, trabajo y entorno social por el que camina una madre en el siglo XXI.

El libro está ensamblado en cuatro magníficos y realistas bloques: criar sin red, cuando el enemigo está dentro, expertos, y el papel de la naturaleza. Como colofón, un brillante y cálido epílogo sobre el derecho de cuidar.

Y es que a pesar de los avances y libertades que gozamos las mujeres, la búsqueda de la autonomía personal en medio del maremágnum que conlleva ser madre continúa siendo una lucha íntima y titánica. Una lucha que en ocasiones nos estresa y nos confunde, dejándonos a la deriva en un mar de contradicciones, por muy claro que tengamos que tener un hijo es una de las experiencias más complicadas de la vida.

Os dejo algunos fragmentos de este libro que seguro, segurísimo, os ayudará a relajaros y sobre todo, a sentiros mejor con vosotras mismas y con vuestro hijo:

El descubrimiento de las ambigüedades de la experiencia materna puede resultar doloroso, sobre todo si se parte de una imagen mitificada de la maternidad. Tener un hijo es, entre otras cosas, bastante agotador. Acostumbrarse a vivir con alguien que te necesita tantísimo no tiene por qué ser fácil, por mucho amor que haya. Y los almibarados cánticos a la maternidad a los que nuestra sociedad ha sido muy dada no constituyen una buena preparación para la experiencia.

Por pedante que pueda resultar, en el puerperio recordé muchas veces esa frase de Aristóteles que decía que solo los dioses o los monstruos pueden estar solos; las personas no.

Lo cierto es que, mal que le pese a los promotores de la lactancia materna, a menudo sus recomendaciones son como una losa sobre los hombros de mujeres cansadas, desorientadas y sensibles a todo lo que tenga que ver con la crianza de sus recién nacidos. La idea de que si no das el pecho eres una mala madre o, cuando menos, una madre no todo lo buena que sería deseable, es omnipresente. Las que no amamantan intentan conjurar las críticas y el sentimiento de culpa aclarando que es que no quisieran, es que no pudieron.

La maternidad y los cuidados son experiencias centrales en la vida de cualquier persona: o cuidamos, o nos cuidan, casi siempre, las dos cosas a la vez. Por eso es extraño que en esas vivencias se observen concentradas algunas de las tensiones que caracterizan nuestro ecosistema social: el capitalismo posmoderno.

El reparto igualitario del trabajo en el hogar solo consigue repartir el agotamiento. Y la búsqueda de la realización personal a través del empleo se convierte en una leyenda más de la época del feminismo heroico.

Necesitamos con urgencia una idea de maternidad distribuible, imaginar la posibilidad de repartir o propagar una experiencia radical de la vulnerabilidad y el cuidado, que nos haga salir del ensimismamiento individualista o familiar y entender en todo su alcance lo que significa ser seres dependientes.

Método canguro. Donde el corazón te lleve

La comprensión nace de la humildad, no del orgullo del saber.
Susanna Tamaro

Resulta increíble descubrir, mejor dicho, volver a constatar, que lo sencillo suele ser lo mejor. En ocasiones solo hace falta sentido común, pasión por lo que se hace y querer hacerlo bien.

Estoy hablando del método MMC o método madre canguro. Un método que ha demostrado ser una de las practicas más efectivas para salvar la vida de un recién nacido en riesgo. Una práctica innovadora para tratamiento y manejo ambulatorio de niños prematuros y de bajo peso al nacer. El calor, la lactancia materna exclusiva y la posición canguro son los pilares de esta metodología. La relación amorosa y estrecha que se forma entre la madre y el hijo es la que permite la supervivencia de estas criaturas.

Corría el año 1978 en Colombia, cuando un pediatra, el Dr. Edgar Rey Sanabria, decidió hacer algo para disminuir la cantidad de muertes neonatales. El hacinamiento y la falta de recursos era constante, a menudo tenían que poner 2 o 3 bebés juntos en una incubadora. Inspirado en la fisiología de los canguros, ideó esta práctica que les permitía a los bebés prematuros seguir desarrollándose sobre la piel de su madre.

Y entonces, sucedió el milagro. Los bebés ganaban peso con mayor frecuencia, descendió el número de infecciones y el tiempo que pasaban en el hospital. Por arte de magia, el número de muertes neonatales disminuyó. También se logró estabilizar la frecuencia cardíaca, aumentar de peso y mejorar la madurez cerebral.

Como en principio esté método se creó para beneficiar a los bebés prematuros de países pobres, con pocos recursos, los países ricos pensaron que no era para ellos. Ellos no necesitaban el MMC. Sus incubadoras, sus recursos, su avanzado nivel tecnológico los llevó a mirar por encima del hombro este procedimiento simple y barato.

Pero el tiempo, maestro y sabio, puso las cosas en su lugar tras la publicación de numerosos estudios científicos hablando de la efectividad del método. Actualmente es el método más utilizado por la mayoría de los países desarrollados. Una forma de cuidar a los bebés prematuros que se practica en las unidades de neonatología de todo el mundo.

"Los países con baja mortalidad infantil son los que han implementado de forma más completa el método. Los nórdicos son un gran ejemplo. Suecia, Dinamarca y Noruega han implementado el método en todas sus unidades de recién nacidos. A mí me gusta tomar fotos de estos centros y mostrarlas alrededor del mundo para que las personas entiendan que el Método Canguro no es la alternativa del pobre, donde no hay suficientes incubadoras". Nathalie Charpak.

¿En qué consiste?

Colocar al recién nacido de forma vertical contra el pecho desnudo de su madre, o padre. El bebé queda como una ranita encima del pecho.

Ventajas:

➢ Disminuye el estrés asociado al dolor del bebé. La posición canguro ofrece al bebé una seguridad que le hará recuperarse antes de las intervenciones dolorosas.

➢ Reduce la duración del llanto en comparación con los bebés que no realizan contacto piel con piel.

➢ Menor número de infecciones.

➢ Mayor aumento de peso.
➢ Potencia, favorece y aumenta las tasas de lactancia.

Este método ha sido reconocido como una de las contribuciones más importantes a la salud pública del mundo en los últimos tiempos.

No solo favorece a los bebés sino también a sus madres. El sentimiento de culpabilidad por haber dado a luz un bebé prematuro se volatizó al ver que podían hacer algo por sus hijos. De esta forma la madre se siente más competente, más empoderada sobre su propia maternidad. La doctora Nathalie Charpak, directora de la fundación Canguro de Bogotá comenta:

"Las madres aceptan llevar a sus bebés sin vacilar. Ellas quieren lo mejor para el bebé y están dispuestas a todo. Alguna vez una madre en España me dijo que, con el Método Canguro, una mujer pasa de preocuparse a ocuparse y eso es muy cierto, porque en estos casos es la mamá la que saca adelante a su hijo. Imagínate, a una mujer le sacan a su bebé antes de tiempo, sin tener certeza de si vivirá o no, ella se siente completamente vacía. Si le dan la oportunidad de poder cargarlo y aportarle el calor que necesita, de alimentarlo cuando lo requiera, poder participar del bienestar del bebé, lo va a hacer sin pensarlo. Los papás nunca son un problema" Doctora Nathalie Charpak.

Ella explica que el método no reemplaza la neonatología, es un complemento muy importante. Hay lugar para las incubadoras y para el MMC, es necesario contar con los dos.

Imagino lo que debió sorprender escuchar a esta mujer; pediatra, investigadora, científica; presentando una ponencia en un congreso internacional en estos términos.

"Vengo a vender una nueva incubadora, hipertecnológica, que funciona sin electricidad, se limpia sola, está todo el tiempo disponible y tiene toda la batería antiestrés: se trata de una mamá".

El vínculo afectivo con el bebé o Amor a primera vista

Cuando entré en la habitación, Laura, con los brazos cruzados, miraba a su hijo, durmiendo en la cuna. Sobre la mesita un ramo de rosas amarillas iluminaba la sala. Estaba tan pálida como un día nevado. *No siento lo que se supone debo sentir,* dijo con los ojos húmedos. *Lo veo así, tan vulnerable, tan chiquitito, tan frágil y sólo pienso en cómo puedo protegerle, nada más. ¿Por qué no siento ese amor a primera vista que otras madres sienten?*

Laura había tenido a su hijo tras un parto complicado que acabó en cesárea. Es frecuente que tras situaciones difíciles esa conexión entre el bebé y su madre se demore unos días e incluso semanas. A veces, el cansancio y la inseguridad cubren las emociones como una pesada tapa de cristal. Hay que tener en cuenta que ese vínculo aterciopelado con el hijo no es un sentimiento instantáneo ni mucho menos automático. Sin embargo, a veces puedes sentirte extraña por no experimentar ese apego, esa ola afectiva que la publicidad colorea como un eterno merengue.

"Tanto se habla sobre el apego con el recién nacido, que muchas madres se sienten culpables si no sienten inmediatamente este increíble vínculo con sus bebés. El apego es, en realidad, una experiencia muy individual, y tanto se puede esperar que esta conexión se desarrolle con el tiempo como que ocurra instantáneamente". Edward Christophersen, psicólogo pediátrico.

Pienso en las madres con bebés prematuros, que han estado ingresados durante semanas e incluso meses en el hospital. Ellas no pueden crear ese vínculo inicial de piel con piel en las primeras horas de vida de sus hijos. Sin embargo, como un milagro aplazado, brota como un manantial al tener al hijo en sus brazos. Porque ese apego especial ya empezó a fraguarse durante el embarazo, solo es un afecto demorado. Como esa primavera que no terminas de ver tras un día de tormenta.

Sé lo que sientes. Lo miras y notas que el instinto de protección es lo real, que el amor inmediato, esa chispa cálida de cariño que anhelas continúa dormida y no sabes bien cómo la puedes despertar. Es una experiencia frecuente y universal. Relájate y acepta ese sentimiento como parte de la maternidad. A medida que lo vas conociendo, un cariño infinito te habitará de por vida.

La unión con una persona ya sea un hijo, una amiga o un esposo es una experiencia individual que lleva su propio ritmo. Y aunque el bebé es un ser que provoca ternura, recuerda que es una personita nueva recién llegada a tu vida, a tu hogar. Un ser que irás conociendo paso a paso hasta sentirlo tan cercano como la persona más querida de tu familia.

¿Qué puedo hacer mientras tanto? me preguntó. Sencillamente, hacer lo que haces día a día. Abrazarlo, mecerlo suavemente, cantarle, hablarle dulcemente, mirarlo a los ojos, acariciarlo y un sinfín de gestos más que sólo tú conoces. Responde a sus demandas con rapidez y sobre todo busca momentos íntimos, y colócatelo desnudito, piel con piel. Cierra los ojos, relájate y siéntelo.

Laura me miró y se puso a llorar. Ella quería sentir eso que llaman apego o amor y no podía.

Me senté junto a ella y le hablé de ritmos, normalidad, tiempo, personas. Le animé a que llevara a su hijo con ella en la casa, lo porteara. Sugerí que no se enredara en las palabras, en las ideas de otros, en lo que haya podio leer o escuchar. *Escucha, Laura*, dije. *Un día, cuando menos lo esperes, lo mirarás, él te mirará, te sonreirá. En ese instante sabrás lo que es el amor. Sabrás que siempre ha estado ahí entre los dos, y te reconocerás enamorada para el resto de tu vida. Todo llegará.*

Un mundo feliz. La igualdad en el espacio doméstico

Saber es relativamente fácil. Querer y obrar de acuerdo con lo que uno quisiera es siempre más duro.
Aldous Huxley

Desde la distancia que dan los años, ingenuamente he llegado a creer que ciertos conflictos domésticos se han ido solucionando, pero no es así.

Hace unos meses, me sorprendió la queja de una madre, empresaria, profesional independiente, respecto al tiempo, desigual, que su pareja y ella dedicaban al espacio doméstico. Su esposo es un ser adorable, buen padre, buen compañero, buena persona, palabras textuales de ella, pero evita, por norma, participar en las tareas del hogar.

Cuando le digo a mi marido que no colabora, piensa en sus modelos masculinos precedentes menos cuestionados; entonces te acusa de exigente y se siente incomprendido.

Un día tras una bronca enorme, el marido dijo a su compañera: *¿Por qué protestas? Respecto a mi padre he avanzado muchísimo. Cuido de la pequeña, cambio sus pañales, la saco a pasear, juego con ella, ayudo en la casa y hasta hago la cena. No puedes quejarte.*

Pasan los años y la vida sigue igual. El mismo conflicto, distinto escenario. Ellos hablan de echar una mano y aliviar. Ofrecen el verbo ayudar como quien entrega un ramo de flores. Y en medio de esos pequeños conflictos, silenciados, la sociedad habla de conciliación. Un término que siempre se asocia al tiempo que necesitan las mujeres para cuidar a sus hijos. Qué curioso. A un hombre que triunfa en el terreno profesional nadie le pregunta cómo ha resuelto la conciliación familiar. Esas cuestiones se plantean a las mujeres, nunca a los hombres.

Es cierto que hay una mayor responsabilidad y compromiso de los padres actuales. Sin embargo, quien gestiona, organiza y dirige la casa es la mujer. Nos guste o no, en el siglo XXI las féminas siguen siendo responsables del espacio privado. A veces por elección, a veces por tradición, a veces por imposición. Lo cierto es que las mujeres invierten más tiempo en las tareas domésticas, mientras ellos continúan llevando a cabo actividades que reafirman su masculinidad; arreglos caseros, trámites administrativos, etc.

Por otro lado, no todo es blanco o negro. No somos lobos ni corderos. A nosotras nos cuesta mucho "delegar" cualquier parcela de responsabilidad en el varón. Incluso si les asignamos tareas, en ocasiones, vamos detrás como sargentos para comprobar que todo está hecho correctamente. Bueno, como a nosotras nos gusta.

Hace años una nueva palabra hizo acto de aparición, bella y fragante como un nenúfar: *corresponsabilidad*. Conlleva que hombres y mujeres se responsabilicen de las tareas domésticas, del cuidado de hijos y personas dependientes. Es decir, puedan dedicar su tiempo tanto al trabajo remunerado como al trabajo personal y doméstico. Qué bonitas son algunas palabras, qué perfecta la teoría y qué imperfecta la práctica.

¿Cómo podemos solventar estas distancias?

Acercándonos con el mayor de los afectos. Ellos, dejando a un lado el concepto ayudar y sintiéndose parte de un todo. Nosotras, aprendiendo a delegar, siendo menos exigentes.

Hay un estudio sorprendente que habla de que los hombres que comparten tareas del hogar tienen una vida sexual más satisfactoria.

"En general, cuanto más tareas domésticas hacen los hombres, más felices están las mujeres". "Cuando los hombres hacen más tareas en el hogar, la percepción de las mujeres sobre la equidad y la satisfacción matrimonial aumentan, y la pareja atraviesa menos conflictos". Scott Coltrane, sociólogo de la universidad de Riverside en California.

Joshua Coleman, psicólogo, miembro del CCF (Council of Contemporary Families, organización sin ánimo de lucro dedicada a la investigación de las necesidades de la familia contemporánea) afirma que: "Las mujeres dicen sentir más atracción sexual y más afecto hacia sus maridos si participan de las tareas del hogar".

La interpretación más lógica cae por su propio peso; si se reparten los trabajos, habrá más tiempo libre para compartir, estar juntos, disfrutar. Además, el sentimiento de complicidad nos llevará a sentirnos mejor con nuestra pareja, con nosotros mismos. Lograr pequeñas utopías, un mundo, unas horas, feliz. Ahí es nada.

La obsesión de ser madre

Érase una vez una mujer que antes de elegir el traje de novia andaba pensando en los tres o cuatro niños que iba a tener. Sin embargo, el tiempo pasó y la mujer no lograba embarazarse. Ni las pociones mágicas ni los remedios de abuelas, ni tan siquiera las aguas de balneario lograron cumplir su sueño.

Su marido, al verla triste y deprimida, decidió buscar un médico de pago y aliviar la pena de su esposa. Comenzaron los tratamientos, las inyecciones, la obsesiva toma de temperatura al amanecer, la programación de los días fértiles y un largo etc. Pero, sobre todo, comenzaron las prisas, los nervios y todo cambió. De repente, la chispeante ilusión de ser madre se trasformó en una molesta obsesión.

Ella aparcó su ocio. Sus aficiones, amigos y familia pasaron a ocupar un segundo y tercer plano. Sus pensamientos y sus actos tenían solo un único objetivo: ser mamá.

En la puerta del frigorífico colocó un enorme calendario con los días señalados. Los marcados en rojo eran los días fértiles, los que exigían hacer el amor una o dos veces al día, seguidos, sin descanso. Los marcados en amarillo significaban hacerlo cada dos días y el resto no valía la pena ni señalarlos.

Al principio parecía divertido, pero poco a poco el deseo se trasformó en deber, compromiso. Un oficio intensivo que el futuro padre difícilmente podía eludir, y entonces comenzaron los problemas. El esposo dormía poco y mal, aparecieron dolores de cabeza, pérdida de apetito y una ansiedad terrible cuando su mujer, traviesa, le pellizcaba el trasero. Aquella presión le hacía sentirse una especie de semental ajeno al amor que sentía por su esposa. La mujer de su vida compraba revistas eróticas para los momentos, cada vez más frecuentes, de impotencia de su pareja.

En ocasiones él no podía, o no quería o le daba igual, y entonces ella montaba en cólera. Lloraba y lloraba hasta que él se compadecía, tomaba la revista y vuelta a empezar.

Una mañana de domingo él la sorprendió con flores y con un desayuno en la cama. *Mi amor,* dijo, *qué importa que no podamos tener hijos, nos tenemos el uno al otro. Aceptemos lo que hay y vivamos el presente, por favor. También podemos pensar en la adopción.* Ella furiosa, se levantó, tiró las rosas al suelo gritando: *¡No! No voy a resignarme, seré madre biológica. Cueste lo que cueste, salud, dinero y hasta... hasta... Lo lograré. Bueno,* añadió recogiendo las flores, *¡lo lograremos!*

Las semanas fueron pasando con su lenta cadencia. Hasta que un día, uno de esos días rojos, él quería salir de copas con los amigos. Ella, enfadada, se encerró en la habitación, ya se sabe, alcohol y sexo no casan mucho. Y no salió. Se quedó en casa, hizo las maletas y se fue a un hotel.

Unos meses después firmaron la separación amistosa. Él volvió a engordar, a dormir tranquilo, a salir con los amigos. Ella anda desesperada pidiendo a la familia y amigos dinero para intentar de nuevo otra fecundación in vitro.

No es un cuento ni una fábula. La historia es verdadera, contada con tristeza por una cuñada del marido. Lo más triste de todo es que este tipo de historias se repiten con lastimosa frecuencia.

Obsesionarse con cualquier cosa es insano, lo sabemos. Limita el pensamiento, hace trizas nuestra voluntad y nos envuelve en una tela de araña de la que no podemos salir. Empeñarse en conseguir algo por encima de todo y de todos es terrible. Interfiere en nuestras vidas, como un monstruo silencioso que se sienta a nuestro lado y nos domina.

Con el hecho materno, el resultado es idéntico e incluso peor porque afecta a dos personas. Dos personas que al principio sentían ilusión por formar una familia, hasta que la ilusión se trasformó en obsesión.

Algunos estudios revelan que para un 50% de mujeres la infertilidad constituye el evento más perturbador de sus vidas. Algunas pacientes sufren trastorno adaptativo. Es decir, la aparición de síntomas depresivos y ansiedad en respuesta a acontecimientos estresantes. Y la búsqueda obsesiva por ser madre es uno de los sucesos más estresantes que una mujer, o una pareja, puedan vivir.

En resumen, sería bueno relajarse un poco. Pensar que el estado emocional es fundamental para mantener un equilibrio y hacernos sentir mejor. Recordar quiénes somos o éramos antes de esa lacerante e insana necesidad de ser madre por encima de todo y de todos. A veces por lograr una quimera se pierde una adorable realidad.

Prematuros. El abrazo salvador

Partiendo de un reportaje en la TV americana sobre aquel suceso, he puesto voz a Gayle Kasparian, la enfermera que logró el milagro:

Recuerdo aquel 17 de octubre de 1995, amaneció lloviendo en la ciudad de Worcester (Massachusetts). El otoño llenaba de hojas las aceras de la ciudad. Ese día me asignaron a la unidad de cuidados intensivos neonatal. Trajeron a dos hermanas gemelas, dos prematuras de 28 semanas de gestación. Kyrie, de 980 grs., y Brielle, de 900. Colocamos a cada una de las niñas en una incubadora y comenzamos con los cuidados habituales. Por entonces todos los bebés nacidos de partos múltiples se mantenían separados para prevenir infecciones. Terminé el turno y allí quedaron las pequeñas alejadas una de la otra a un par de metros de distancia.

Volví a esa unidad tres semanas más tarde. Allí seguían las gemelas, las hermanas Jackson. Kyrie mantenía sus constantes estables, un hermoso color rosado y una curva de peso ascendente. Sin embargo, su hermana permanecía inestable. Apenas ganaba peso, presentaba dificultad respiratoria, problemas cardiacos y una coloración pálida que no gustaba a nadie.

Sabíamos que el estado de Brielle era bastante frágil, los doctores apenas daban esperanzas de vida, mejor dicho, no daban ninguna. De repente la pequeña empeoró. El rostro de

Heidi, su madre, era desolador; las manos en la cara, llorando, contemplando impotente a su hija. Su bebé respiraba con dificultad, inspiraciones profundas e irregulares, *gasping*. Los niveles de oxígeno descendían de forma alarmante, los músculos se contraían. Una taquicardia grave disparó la alarma de la incubadora. *¡Por favor haga algo!* Suplicó la madre.

Empecé a aspirarle, apenas había secreciones. Comprobé el pulsioxímetro, que medía el oxígeno en sangre. Funcionaba correctamente. Los bracitos de la niña y sus delgadas piernecillas iban tomando un color azulado, cianótico. Aumenté el nivel de oxígeno en la incubadora. ¡Nada! No hubo respuesta. *¿Qué hago?* Me preguntaba sin cesar. De pronto, recordé las palabras de un compañero hablándome de una práctica común en Europa, desconocida en América. Poner juntos a los hermanos, los prematuros, en la misma incubadora compartiendo la misma manta.

Pero yo estaba sola. La supervisora había salido a una conferencia y yo no podía tomar una decisión de ese calibre sin consultarlo. La madre convencida de la inminente muerte de su hija no dejaba de llorar. Me armé de valor.

Déjame intentar poner a Brielle junto a su hermana. Quizá le ayude, dije en un intento exasperado. *¡No hay otra cosa que pueda hacer!*

Movió la cabeza de arriba a abajo. Tomé a la pequeña con cuidado y la deposité junto a su gemela. Acurrucada. Bajé la puerta de la incubadora y nos quedamos mirando.

¡Increíble! No salía de mi asombro. El cambio fue inmediato. La pequeña se calmó enseguida. La madre me abrazó, tenía el rostro lleno de lágrimas. El corazón de Brielle se estabilizó, los niveles de saturación de oxígeno empezaron a subir ¡Un 100%! Y aquel cuerpecito fue tomando poco a poco el dulce color sonrosado de su hermana Kyrie.

Al día siguiente una compañera descubrió el pequeño

milagro. Aquella maravillosa fotografía dio la vuelta al mundo. Por la noche mientras todos dormían, Kyrie abrazó a su hermana Brielle con su abrazo salvador.

Curiosamente, la conferencia a la que había asistido la supervisora era sobre el *Co-bedding*, que consistía en poner a los prematuros juntos en la misma cama. Cuando al día siguiente contempló la escena, no daba crédito a sus ojos. En ese instante supimos que esa práctica formaría parte de los protocolos desde esa misma mañana.

Han pasado muchos años y sigo pensando en ellas. Hoy son dos hermosas adolescentes que no se han separado la una de la otra ni un solo día de sus vidas.

Gayle Kasparian

Sombras de la maternidad

Nadie te habla sobre las sombras de la maternidad. Cierto. En el tren, una mujer me contaba: *Me considero una mala madre porque no he cubierto todas mis expectativas. Mi abuela fue una mujer sufridora, paciente, mi madre abnegada y dócil. Detesto que esas cualidades sean las que definan la maternidad. Lucho por mantener mi condición de mujer, de persona, por encima de la de ser madre.*

Ella tenía un hijo de tres años y otro que venía de camino. Sus palabras reflejaban la lucha titánica que mantenía consigo misma entre la construcción social y personal de ser una buena madre y la realidad de esta, cargada de luces y sombras. En ocasiones, demasiadas sombras.

Hablaba moviendo nerviosamente las manos, sin dejar de tocar su ondulado pelo negro. Lo que peor llevaba era el silencio ante amigos o familiares. No podía ni quería hablar de ello con nadie de su mundo cercano. Temía contarle sus pensamientos a su pareja; *si él lo supiera,* decía, *me miraría como un bicho raro.*

Yo era una extraña a la que nunca volvería a ver, pero ¿y los otros?, ¿qué pensarían los demás si la escucharan? Vivía entre el deseo, el inmenso amor que sentía por su hijo y el rechazo al mismo por el tiempo absorbido, el cansancio y una extraña insatisfacción. Ese agotamiento mental, esa dependencia emocional, intensa, paralizante, abrumadora, suponía una pérdida de identidad personal en favor del nuevo rol asumido.

Jane Lazarre, escritora norteamericana, lo expresa así: "Temblarán y temblaré mientras nos saludamos, y haremos algún comentario sobre el tiempo y algún otro sobre el bebé, y ninguno sobre nuestros maridos, que no volverán hasta que oscurezca para ayudarnos con los niños mojados, fríos, malhumorados, y tampoco ningún comentario sobre nosotras. Para unas y para otras, para los niños pequeños y para los padres ausentes, somos madres. Soy la madre de Benjamín y en breve le daré los buenos días a la madre de Matthew".

Creo que esa contradicción la hemos experimentado en algún que otro momento, aunque no nos atreviéramos a hablar de ello. Un dulzor insípido y a veces ácido.

Cuando la mujer del tren se despidió de mí, no dijo su nombre, me pidió que no le hiciera caso, solo necesitaba liberarse del desasosiego que sentía entre la realidad y el deseo. Sonreí y le dije que en algún momento de nuestra existencias todas hemos sentido lo mismo. *¿Y por qué no lo cuentan?* Contestó alzando la voz. Levanté los hombros. Me estrechó la mano antes de coger su maleta y bajar al andén. En alguna parte una campana comenzó a repiquetear.

Viéndola marchar a paso lento tirando de su maleta azul, pensé en las madres que viven y han vivido como la mujer del tren, sobreviviendo a esta montaña rusa de luces y sombras que es la maternidad.

Creo que debemos abrir un poco nuestra alma de madre y mostrar los claros y oscuros del devenir de las horas, aunque tan solo sea para ayudar a otras mujeres a sentirse como lo que son, lo que somos, seres complejos cargados de nubes y sol.

Nils Bergman. La madre es la clave del desarrollo neuronal

Todos los bebés deberían estar en contacto piel a piel con sus madres (¡o padres!) desde el nacimiento en adelante. Especialmente los bebés prematuros.
Nils Bergman

Confieso que no conocía al doctor Nils Bergman, ni su particular cruzada en beneficio de los prematuros, ni sus miles de referencias científicas hablando del milagroso contacto piel con piel, ni su teoría, magnífica, de la neurociencia perinatal, ni su sensibilidad hacia las madres. Nunca había oído hablar de él. Hasta que tuve la suerte, gracias a Lactalmeria, de asistir a un curso en Madrid. Corría el mes de abril. Dos días como dos destellos de luz en mi quehacer personal y profesional.

Internacionalmente conocido, querido y respetado por la comunidad científica, este señor de aspecto amable es toda una autoridad en el desarrollo de la Neurociencia Perinatal y la neonatología. Sus estudios en el cuidado del método canguro y el contacto piel con piel son imprescindibles para entender el vínculo y el apego. Se le puede encontrar por todo el mundo impartiendo conferencias, mostrando su gran proyecto "Restaurar el paradigma original de la maternidad".

De mirada inquieta y ojos pequeños, se movía por la vetusta sala semicircular del colegio oficial de médicos de Madrid con la soltura propia de un erudito, de una persona sabia que reiteró una y otra vez que lo esencial, como siempre, es invisible a los ojos. Algo tan sencillo como mantener al recién nacido en contacto con su madre, piel con piel, es lo que realmente marca la diferencia entre la norma y lo excepcional:

"El cuerpo de la madre es la mejor maquina jamás inventada: aporta nutrición, temperatura, glucosa, desarrollo cerebral, optimismo y salud con el mínimo coste".

Nacido en Bélgica y criado en Zimbabue, habla con ternura de África y del hospital en el que trabajó durante muchos años como director médico. Una maternidad donde se asistían 18.000 partos anuales. Sus antepasados fueron misioneros y a su manera, su espíritu divulgador le llevó a defender su particular cruzada, llevar la verdad de la importancia de mantener juntos a una madre y su hijo al mundo occidentalizado de biberones, nidos y maquinas.

"Separación cero", ese es su mensaje. Oyéndolo hablar, entusiasmado, sobre la conexión emocional madre e hijo, me pareció que este hombre representa el espíritu del científico romántico, que defiende una idea a capa y espada contra el mundo, contra el clasicismo inmovilista, contra intereses económicos. Una lucha titánica convencido de que lo sencillo y barato es primordial.

Una de sus frases causó cierto revuelo. Tras lanzarla, el silencio de la sala se podía tocar. "Los bebés prematuros no están en incubadoras por estar inestables, están inestables porque están en incubadoras".

Durante el curso, su mensaje fue claro y contundente, como un abrazo, que algunos incomodan y a otros salva. Y por si teníamos alguna duda al respecto, lo repitió y nos lo hizo repetir, de forma simpática, a todos los asistentes. "Nada de lo que hace el bebé tiene sentido lejos del cuerpo de su madre". En las pausas del café salíamos de la sala con aquel mantra pegado a los labios.

Mirando atento a un auditorio entregado, micrófono en mano, respondió con ese brillo entusiasta en sus ojos las preguntas que bailaron en el arie. Parecía un mago, con su camisa blanca y el puntero laser señalando la pizarra. Su voz apasionada se debatía entre la premura por contar todo lo que sabía y las pausas necesarias para que la traductora hiciera su labor.

Este hombre rubio, de mirada penetrante, lleva toda una vida dedicada al mundo de los neonatos y en particular a los prematuros. Gracias a ellos afirmó: "He observado que poniendo a los bebés prematuros directamente sobre el cuerpo de sus madres sobrevivían más y mejor que poniéndolos en las incubadoras".

Una pregunta que se repitió con dolorosa frecuencia por parte de los profesionales que allí estábamos fue: "¿por qué los hospitales no llevan a cabo prácticas basadas en la evidencia?". Movió los hombros y con voz triste replicó que llevaba décadas mostrando los resultados científicos, recalcó científicos un par de veces, en países como Estados Unidos y que a pesar de la inmensidad de publicaciones, lo ignoran. Poderoso caballero es don dinero. Para él, las rutinas hospitalarias y nuestra cultura occidental caminan muy lejos de la evidencia científica.

Recuerdo que al salir el sol lucía amable en la puerta del Colegio de médicos. Un par de palomas alzaban el vuelo cerca de una bicicleta, mientras mis compañeros Isa y Juan Antonio hablábamos asombrados de lo aprendido en eso dos maravillosos días. Días en los que Nils Bergman mostró convencido y emocionado una faceta del rostro de Dios.

Si pudiera resumir su exposición en una frase sería: "La madre es la clave del desarrollo neuronal".

Gracias, Nils Bergman, uno de los especialistas en neurociencia perinatal más reconocidos del mundo y uno de los promotores del "método canguro" de salud materno-infantil. Aquí os dejo sus palabras.

Una de las habilidades más básicas, y que aparece temprano en el desarrollo, es determinar si una sensación (o incluso una constelación de tales) es segura, peligrosa o amenaza la vida. Esto se ve en la vida fetal temprana y es completamente competente a partir de las 28 semanas. Todas las sensaciones en el útero le dicen al feto que está SEGURO. Al nacer, el bebé está muy estresado, y este estrés del parto es necesario para activar los sistemas que hacen que respire aire y haga frente a la "vida exterior". Pero una vez afuera, la necesidad de estar SEGURO es primordial, y esencialmente es solo la presencia de la madre la que brinda sensaciones familiares que lo logran. El pecho de la madre es para el recién nacido su LUGAR de cuidados. El cuidado significa que se satisfacen las tres necesidades biológicas básicas: el contacto piel con piel de la madre asegura el calor, sus senos brindan nutrición y sus brazos cubren al bebé para protegerlo. El bebé está conectado para responder a este lugar de muchas maneras diferentes, las dos que podemos ver fácilmente las llamamos apego propio y lactancia. Después de la alimentación, el ciclo del sueño es fundamental para establecer las vías que se dispararon.

Cuando la madre está ausente, el cerebro del recién nacido se siente inseguro, percibe peligro y amenaza para la vida, y sus necesidades básicas no están cubiertas.

Nils Bergman

Mujeres conocidas que renuncian a la baja maternal

Dar ejemplo no es la principal manera de influir sobre los demás; es la única manera.
Albert Einstein

Hay renuncias y renuncias. No es lo mismo renunciar a la baja maternal por deseo que por necesidad. Paseando por la red he encontrado otra noticia más sobre lo mismo. M. M., directora ejecutiva de una multinacional, embarazada de gemelos, ha contado que solo se tomará dos semanas de baja por maternidad.

Pienso en sus empleadas, pobres, mirándose unas a las otras con los ojos abiertos y los hombros caídos comentando: *si la jefa se toma solo dos semanas, y con gemelos, ¡qué vamos a hacer las demás!*

Últimamente es frecuente encontrar titulares de este tipo. Políticas, actrices, empresarias, ministras, directivas, presidentas, arquitectas, periodistas… que deciden incorporarse a su trabajo tras un par de semanas de baja maternal. Mujeres que tras un breve paréntesis regresan cual aves migratorias a la prensa amarilla lanzando un pobre mensaje. Podrían hacer campaña con su slogan: *Estamos en la cultura de la competencia y el poder. Debemos mantener un alto nivel de productividad.*

¿Dónde queda la ternura compartida del tiempo con la pareja y el hijo? ¿Dónde queda la lactancia materna exclusiva doblemente beneficiosa? ¿Dónde queda el afecto, el descanso, el gozo de poder cuidar a tu bebé, de estar con él?

La sociedad invisibiliza a las madres. Y es que hay una gran diferencia entre ser mujer y ser madre, entre lo visible y lo invisible, entre lo fuerte y lo frágil. Y por si esto fuera poco, las mujeres que pueden liderar un cambio, auténticas privilegiadas, cruzan la acera y adiós.

Se llama derecho o baja maternal porque está demostrado que un bebé necesita biológica y emocionalmente a su madre. Una necesidad para el más frágil. Nos guste o no, es una evidencia científica incuestionable.

He encontrado a mujeres sencillas, humildes, con lágrimas en los ojos por tener que incorporarse a su trabajo a las pocas semanas del parto. El anhelo de estar con su hijo y dar lactancia materna bajo las ruedas. Si no lo hicieran y reclamaran sus derechos y el de su hijo a ser cuidado por su madre, serían despedidas con cualquier excusa.

Lo curioso es que miles, millones de mujeres se miran a diario en el espejo de estas féminas que han alcanzado lo que ellas solo pueden imaginar. Quizás no sepan que son un modelo. Un referente, mujeres privilegiadas que, a pesar de contar con recursos económicos, criadas, niñeras, horarios flexibles, respeto social y un largo etc., mantienen esta masculinización del poder. Poder que aplaude lo económico por encima de lo más sagrado; cuidar a un recién nacido.

Mientras tanto habrá que esperar, soñar, que el mundo cambie y que estos derechos sean de obligado cumplimiento. Confiar que algún día estas mujeres visibles, que podrían ser líderes, se conviertan en la voz de las madres menos afortunadas, mujeres invisibles que no les dejan tomar su permiso de maternidad.

La vida de todo hombre es un camino hacia sí mismo, la tentativa de un camino, la huella de un sendero. Ningún hombre ha sido nunca por completo él mismo; pero todos aspiran a llegar a serlo, oscuramente unos, más claramente otros, cada uno como puede. Todos llevan consigo, hasta el fin, viscosidades y cáscaras de huevo de un mundo primordial.

Alguno no llega jamás a ser hombre, y sigue siendo rana, ardilla u hormiga. Otro es hombre de medio cuerpo arriba, y el resto, pez. Pero cada uno es un impulso de la Naturaleza hacia el hombre. Todos tenemos orígenes comunes: las madres; todos nosotros venimos de la misma sima, pero cada tentativa e impulso desde lo hondo tiende a su propio fin.

Podemos comprendernos unos a otros, pero sólo a sí mismo puede interpretarse cada uno.

Herman Hess

Nadie me dio la enhorabuena por mi hijo

Cuando digo que mi hija tiene síndrome de Down no busco que me compadezcas, sino que me envidies.
José Erre

Hace años, un grupo de compañeras asistíamos a unas jornadas en el hospital. Cuando le tocó el turno a una ponente, se quedó mirándonos y dijo: "Antes de comenzar, y aprovechando que hoy están aquí un grupo de matronas, quiero decirles lo mal que lo hicieron conmigo. Cuando nació mi hijo, nadie —y repitió la palabra *nadie*—, me dio la enhorabuena por ser madre, por tener un bebé precioso. Mi hijo es lo mejor que me ha pasado en la vida y no recibí felicitación alguna cuando llegó a este mundo. Lo siento, es algo que siempre llevaré clavado en el corazón".

Nunca lo olvidé, mis compañeras tampoco. Esa mujer estaba en lo cierto. Nadie felicita a unos padres que acaban de tener un hijo con síndrome de Down. No solo ignoramos el hecho de que acaban de ser madre y padre, sino que además son tratados como si se les hubiera caído encima el mayor drama de sus vidas. Un desastre, una calamidad. Nuestro silencio, cómplice, los deja a la intemperie en medio de la desolación e incredulidad que les aplasta como un alud de hielo.

He vuelto a esta historia a raíz de un caso que tuvimos en el hospital hace unos meses. En cuanto lo supe, fui a verlos, acababa de coger el relevo de la tarde y me acerqué. El bebé dormía en neonatología por un problema de deglución; mientras sus padres, solos en la habitación, trenzaban a dos bandas la pena y el desconsuelo de un mundo que se les venía abajo.

Recuerdo el dolor, o mejor dicho, el desconcierto y la tristeza que reflejaban el rostro de esas personas. Él, sentado en un sillón con la mirada perdida; ella en la cama, muda, tumbada boca arriba. Su hijo, un precioso bebé de 3.200 gramos no estaba con ellos. Qué tristeza. Aunque lo que más dolía era la noticia que les había partido el alma; su hijo tenía síndrome de Down. A pesar de la amniocentesis negativa, a pesar de la exactitud de la ciencia, a pesar de los pesares, su pequeño era y sería para siempre un ser diferente, un ser muy especial.

Una madre, Caroline White, relata su experiencia:

Mis recuerdos de cómo me enteré de que mi hijo tenía síndrome de Down, cuando apenas tenía un día de vida, son muy vagos y borrosos. Estaba devastada. Mi mente entró en una espiral de miedo sobre el futuro que nos caería encima y me imaginé una vida de exclusión e incapacidad, de marginaciones, de miradas inapropiadas y de sentirme diferente.

Por un tiempo pensé que el dolor nunca se iría. En ese entonces, mi hijo no solo tenía síndrome de Down: era síndrome de Down. Yo misma lo encasillé en una categoría que responde a estereotipos anticuados y fallé en la misión de entender que en realidad era solo, y ante todo, un bebé. Mi bebé: Seb.

Aquellos padres andaban en las primeras fases del duelo; shock, incredulidad. Desamparados. Como si de pronto todo el horizonte alegre y florido que portaba el hijo se hubiera trasformado en un cielo oscuro lleno de nubes, cargadas de tormentas. La palabra que mejor los definía era desolación. Agarrados a la palabra esperanza, esperaban, esperaban un milagro, una confirmación o una rectificación. Conocer con cierta certeza el grado de afectación.

Y entonces lo hice. Les di la enhorabuena. Acababan de ser padres de un bebé y, como suelo hacer con todos los padres, yo les entregaba mi más sincera felicitación. Ambos me miraron fijamente tratando de entender. Les conté la historia de aquella madre en aquellas jornadas de padres con niños especiales. Ese pequeño llegaba a sus vidas como una bendición. Solamente era un bebé único, singular; un niño que precisaría unos cuidados concretos, otro entusiasmo, otra forma de crianza. Un niño al que amarán igual o más que a su otro hijo, que sacará lo mejor de cada uno de ellos. Su fragilidad, su candidez, su eterna inocencia. Serán más fuertes, serán más grandes. Serán, inevitablemente, más sabios.

Pensé en su hijo y en esa frase de El Principito: "Cuando te hayas consolado (siempre se consuela uno), estarás contento de haberme conocido". Les hablé de la alegría, sentido y profundidad que experimentan los padres de estos niños. Cuidar del más débil los hizo crecer.

"Cuando le cuento a alguien que tengo un hijo con síndrome de Down, la respuesta más común que recibo es un *Ah...* y un sentimiento palpable de incomodidad. En más de una ocasión, a la interjección le sigue un *Lo siento*", Caroline W.

Los padres que tienen a un niño con síndrome de Down afirman que sus otros hijos han cambiado. Que el nuevo ser les ha enseñado a todos muchas cosas. Tener que cuidar, jugar, convivir con un hermanito distinto los lleva a ser más responsables, más maduros, más solidarios, más tolerantes, más generosos.

Recuerdo perfectamente aquella tarde, en nuestra sala de enfermería, las compañeras tomaban café. Cuando salí de la habitación, el corazón me latía fuerte. Deseaba no haber tenido que hacerlo, pero estoy convencida que mis palabras mostraron a aquellas personas un camino por el que transitar. Como matrona creo que lo mejor que podemos hacer en estos casos sería: mostrar a los padres la parte bella de la situación. Siempre la hay. Tagore decía: "Si lloras porque no ves el sol, las lágrimas te impedirán ver las estrellas". Tratarlos como a todos los padres. Felicitarlos,

Francisco Rodriguez Criado, padre y periodista, escribió "El diario Down" sobre sus vivencias. cuando tuvo a su hijo:

Aprendí a querer a mi hijo por la escritura. Y he aprendido a ver el mundo con los preciosos ojos azules de mi Francisco. Cuando los ojos azules de Francisco me miran fijamente, solo ven a un padre borroso y algo marchito; pero cuando yo lo miro a él —y no es pasión ciega—, veo a un pequeño gran arquitecto dispuesto a levantar un muro indestructible. Un muro contra la adversidad, contra el miedo, contra la desazón".

El embarazo, tiempo de lecturas

Hace unos años salió un libro llamado "Las mujeres que leen son peligrosas" cargado de sensatez y sabiduría. Me vino a la cabeza la imagen de las gestantes ingresadas. El libro sobre la mesita, el libro en sus manos, el libro junto a la almohada. Muchas mujeres refieren que la lectura entró en sus vidas de la mano de la maternidad.

El libro puede llegar a ser más importante que la vida. El libro enseña a las mujeres que la verdadera vida no es aquella que les hacen vivir. La verdadera vida está fuera, en ese espacio imaginario que media entre las palabras que leen y el efecto que estas producen. La lectora se identifica totalmente con los personajes de ficción y no se resignan a cerrar el libro sin que algo haya cambiado en su propia vida. El libro se convierte en iniciación.
Laure Adler

El embarazo es tiempo de lecturas, de reflexión, un tiempo en el que la actividad se enlentece y nos volvemos más reflexivas. Recuerdo leer con especial ferocidad durante los embarazos de mis hijos. Tardes enteras buceando en historias en las que solo alzaba la vista para esbozar una sonrisa al sentir el movimiento del niño.

Según las estadísticas, el 80% de los lectores son mujeres. Y aquí están todas, niñas, jóvenes, maduras, ancianas y sobre todo madres. En estas apabullantes cifras, no solo hay mujeres que leen historias para sí mismas, sino para otros. Madres que por las noches junto a la cama de sus hijos abren un cuento y comienzan a ser la princesa valiente, el guerrero tierno, el lobo bueno, el dragón tímido… Gracias a nuestra madres y padres, entramos en ese mapa de realidad y fantasía que siempre habitamos, el país de nunca jamás.

Sin embargo, a lo largo de los siglos hemos tenido que escuchar cantidad de animaladas referidas a esta divina afición. En el siglo XIX, E. Clark, profesor de Harvard, divulgó la idea de que la educación superior debía estar prohibida para las damas para mantener la supervivencia de la especie humana: "No te cases con una mujer que lee, porque se queda estéril". Sin comentarios.

Por suerte para todos, los tiempos cambian y sinceramente no creo que nadie piense que las mujeres que leen son peligrosas. Aquí os dejo testimonios de escritoras hablando sobre esa idea. Muchas de nuestras grandes autoras se iniciaron con el sonido de la voz de su madre contándole un cuento.

He sido un ratón de biblioteca desde que tengo uso de memoria; comencé a leer a edad temprana y no he parado desde entonces. Mi familia y yo vivíamos en las montañas al sureste de Queensland, Australia, donde había multitud de vetustos aguacates, y mi entretenimiento favorito de niña era construirme un nido en alguna de sus ramas, llevarme una manta, algo de comer y de beber… y leer todo el día. Siempre me escondía cuando leía —el hecho de ocultarme en cierto modo hacía que resultase aún mejor—, y ahora cuando escribo trato de evocar la misma sensación de desaparecer dentro del mundo de la historia.
Kate Morton

No es que las mujeres que leen sean peligrosas. Es que lo son las personas que leen. Prueba a intentar engañar, manipular, estafar, dirigir a alguien acostumbrado a leer. Aquellos que leen son más sabios, más buenos, más tolerantes. Tienen una mayor capacidad para la empatía, para entender y comprender mundos ajenos, para hablar a los demás de su propio mundo, para tener un criterio propio y ser capaz de compartirlo, de defenderlo, de argumentar. Claro que algunos tienen miedo a quienes leen. Porque nada hay tan libre como una persona bien formada. Para someter a alguien hay que empezar por apartarlo de todo lo que está en los libros, que son la llave para abrir la puerta a todo aquello que nos hace más libres y más buenos.

Marta Rivera de la Cruz

No quiero hijos. El club de la buena estrella

¿Cómo puedo crear algo de la nada? ¿Y cómo puedo crear mi propia vida? Yo creo que es preguntándome y diciéndome a mí misma que no hay verdades absolutas.
Amy Tan

"Al principio, cuando me preguntaban cuando iba a ir a por el bebé y respondía que no quería ser madre, me miraban como un bicho raro. Se separaban unos pasos de mí y entornaban los ojos. Me encantan los niños. He cuidado bebés desde que era adolescente y me he encargado de mis sobrinos también. Pero eso no conlleva que quiera ser madre. Mi vida, mi pensamiento, mi mundo están lejos de la maternidad. ¿Sabes qué es lo más curioso? Que tenga que justificar mi opción. Por suerte, he conocido mujeres con el mismo planeamiento. Nos juntamos, charlamos y nos reímos. Como si perteneciéramos a un club atípico. El club de la buena estrella fue el nombre que le puso una amiga, que se había hecho una salpingectomía, esterilización definitiva. Ella adoraba aquel libro. Lo curioso es que algunas madres, cuando están en grupo, me dicen que me pierdo algo indescriptible, genial. Otras, a solas, bajan la voz y me dicen, qué envida me das".

Así hablaba una mujer con la que transité por el camino de Santiago hace unos años. Llevaba un anorak verde con dibujos de Mafalda.

A pesar de encontramos en el siglo XXI, la presión por ser madre y cumplir las expectativas sociales y personales es tremenda. Creemos que poseemos cierta libertad y flexibilidad de pensamiento, pero la realidad es muy distinta. Se sigue viendo con cierto recelo, y hasta desconfianza, a aquellas mujeres que abiertamente expresan que en ningún momento se plantearon ser mamás.

Hay grupos de mujeres que deciden realizarse una esterilización voluntaria antes de los 30 años. Lo llevan en secreto, como quien comete un delito. Quizás para no tener que justificar lo injustificable, la libertad de elegir, la libertad de equivocarse o acertar. La mayoría refieren sentirse molestas por el peregrinaje que tuvieron que realizar para encontrar un doctor dispuesto a practicársela. Cuando escuchan eso de: *¿Te lo has pensado bien? Mira que puedes arrepentirte, eres muy joven.* Ellas responden que ese mismo planteamiento no se les cuestiona a las mujeres que deciden someterse a tratamientos de fertilidad. *¿Has pensado bien lo de ser madre? Es para toda la vida...*

Las estadísticas hablan de un porcentaje de arrepentimiento del 50%. Claro que si preguntáramos a todas las personas de las decisiones erróneas sin marcha atrás que se han cometido en la vida, seguro que las cifras se podrían igualar o superar.

No tener hijos es una opción tan aceptable como tenerlos. Lo esencial es realizar aquello que nos hace sentir bien sin dañar a otros. Todos sabemos que hay historias de madres espantosas, tristes, desgraciadas. Historias tan alejadas de sentir cariño por sus hijos como se encuentra la Tierra del planeta Marte. Estoy convencida de que muchas de esas mujeres no deseaban tener hijos. Estoy convencida de que no tuvieron otra opción.

Hace unos años, en 2013, se creó el movimiento NoMo (No mothers —no madres—), liderado por la británica Jody Day, creadora de la web Gateway-woman. Un movimiento y asociación que defiende los derechos de las mujeres que no han querido o no han podido ser madres. Tema que sigue siendo tabú. Cuentan con asesores, atención psicológica, formación y un largo etc. de apoyo y ayudas para estas mujeres que se apartan de la "normalidad".

"Ninguna mujer debería tener que explicar por qué no quiere tener hijos", Helen Mirren.

Lo más triste de todo es escuchar, en voz baja, los comentarios de gentes que piensan que estas mujeres son frías y poco afectuosas.

Entre mis mejores amigos hay una pareja que desde el principio tuvieron claro que no iban a ser padres. Son los seres más adorables y encantadores que conozco. Ella es enfermera, sus pacientes la adoran.

Por otro lado tenemos otro grupo de mujeres que no pueden tener hijos. Era el caso de Virginia Monagle, educadora y escritora. Cuando fue consciente de que jamás tendría hijos, fundó junto con su esposo varias escuelas para ayudar a los niños más desfavorecidos. Hablaba del espíritu maternal, es decir: una vida dedicada a los demás y feliz consigo misma.

"Tengo algunas amigas que no han podido tener hijos y que son verdaderamente felices. Aman su trabajo y a los hijos de los demás. Una amiga, profesora en Colombia, ha adoptado a dos niñas, mientras que una elegante amiga italiana se dedica a un club de niñas en Roma. Una intrépida neozelandesa, que quería adoptar dos niños, acabó sacando a cuatro huérfanos de un horrible hospicio ruso", V. Monagle.

Solía dar un consejo muy lindo a aquellas amigas que se encontraban en su misma situación: "El mundo está hambriento de espíritu maternal, y el espíritu maternal eres tú".

Coincido totalmente con esta frase. El espíritu, la actitud es lo importante, y eso es algo que todos poseemos, de una forma u otra. Con hijos o sin ellos cuidamos de los que tenemos al lado. Eso es espíritu maternal.

Tenía seis años cuando mi madre me enseñó el arte de la fuerza invisible. Era una estrategia para salir vencedora en las discusiones, despertar respeto en los demás y, finalmente, aunque ninguna de las dos lo sabía por entonces, ganar en el juego de ajedrez.

—Muérdete la lengua— me reprendió mi madre cuando me eché a llorar ruidosamente y tiré de su mano hacia la tienda donde vendían bolsas de ciruelas saladas. Una vez en casa, me dijo—: Persona prudente no va contra viento. En chino decimos: Ven desde el sur, avanza con el viento..., ¡puum! El norte seguirá. El viento más fuerte no puede verse.

También descubrí por qué nunca debería revelar el porqué a los demás. Retener cierto conocimiento que uno ha de almacenar para su uso futuro. Ese es el poder del ajedrez. Es un juego de secretos, en el que uno debe mostrar y jamás decir.

El club de la buena estrella. Amy Tan

Madres y escritoras

Ni un solo libro de una escritora con hijos ha sido incluido en la lista del canon de la literatura inglesa. El mito de no-puedes-crear-si-procreas se aplica únicamente a mujeres.
Ursula K. Le Guin

Recuerdo el asombro que sentí conforme iba leyendo este libro. Un ensayo-antología sobre la experiencia de madres escritoras, su lucha consigo mismas y su entrada en el mundo dulce y afilado de la maternidad. De vez en cuando releo algunos de los párrafos que marqué. Es fácil sentirse identificada con esas palabras que hablan de la lucha entre tu nuevo rol de madre, deseado, amado y el universo anterior de creación, tiempo libre y lectura.

A través de los diarios, textos autobiográficos, relatos o ensayos, Moyra Davey ha recopilado la mejor literatura de los últimos 80 años en torno a la maternidad en relación con la propia creación. Doris Lesing, Elisabeth Smart, Jane Lazarre, Adrienne Rich, Tillie Olsen, Margaret Atwood y un largo etc. de grandes creadoras que hablan de su experiencia vital.

"En Maternidad y Creación he querido reunir muestras de las mejores obras sobre la maternidad de los últimos ochenta años, textos que expliquen de primera mano la experiencia de ser madre… y la lucha de las mujeres escritoras con hijos".

"Las madres no escriben, están escritas" Una frase de Helene Deutsch que expresa un todo social, personal y laboral. Bajo este prisma de contradicciones y luchas internas, la autora enlaza una a una como cuentas de un collar los pensamientos, emociones y vivencias de todas estas madres. Sus capítulos, tan ilustrativos como evocadores para las que tenemos hijos se agrupan en: Nacida mujer, cólera y ternura, del lado de los ángeles, dentro de mí, una pequeña pérdida, el juicio contra los bebés, privilegio de una mujer, heme aquí planchando, buen gobierno de la casa, dar a luz, la mujer helada, sobre la maternidad, el arte y la tarta de manzana, etc.

Susan Rubin Suleiman cree que los temas principales y recurrentes de los que hablan algunas madres escritoras contemporáneas serían: "Yo los concentraría en dos grandes grupos: la maternidad como obstáculo o fuente de conflicto, y la maternidad como vínculo, como fuente de conexión con el trabajo y con el mundo".

Os dejo varios párrafos del mismo y os invito a leerlo. Es un gran libro, un espejo en el que podemos mirarnos y encontrarnos. Un cristal que muestra los temas que nos inquietan y amamos, como la ambivalencia de la maternidad, aplazamientos y la falta de osadía de las mujeres escritoras, milagro y amenaza, el sueño atrasado y muchos temas más.

Como el subtítulo del libro reza, lecturas esenciales.

Hay un tema de una significación amplia e incalculable para la humanidad, acerca del que prácticamente nada se conoce porque los escritores no han sido madres... ¿Qué podría significar para cualquier mujer, y hombre, vivir en una cultura en la que el nacimiento de niños y la maternidad ocuparan una posición como la que el sexo y el amor romántico han ocupado en la literatura y el arte durante los últimos quinientos años, o como la posición que ha ocupado la guerra desde que comenzó la literatura...?
Alicia Ostriker

Della [cuatro años] me sigue por todas partes mientras voy recogiendo la ropa sucia por todas las habitaciones de la casa. "Mamá, juega conmigo. Nunca juegas conmigo. Si me quisieras jugarías conmigo. No me quieres…".
Ellen McMahon

Dentro de un rato. Después. Esperaré un poco… Cuando la costura de otoño esté terminada, cuando el niño ya camine, cuando se haya terminado la limpieza de la casa, cuando las visitas se vayan… entonces escribiré el poema, o aprenderé este idioma, o estudiaré…; entonces actuaré, osaré, soñaré, me convertiré.
Elizabeth Stuart Lyon Phelps

Intenta decirle a un niño que mamá está trabajando cuando el niño ve con sus propios ojos que su madre está sentada escribiendo… No me atrevo a poner música cuando estoy en el sótano escribiendo, no sea que arriba se crean que estoy holgazaneando. Tengo la sensación de que para que me respeten debo hacer pasteles y pan casero y mantener las habitaciones y la casa ordenada.
Liv Ullman

De vez en cuando, me inunda un amor satisfecho hacia mis hijos, y casi parece que me basta el placer estético que me inspiraron esas criaturas pequeñas y cambiantes, así como su sensación de ser amadas, aunque de una forma pasiva. Experimento también la sensación de que no soy una madre desnaturalizada y gruñona a todas horas… a pesar de serlo.
Adrienne Rich

Frans Veldman, la ciencia de la afectividad. Haptonomía

El derecho incontestable, fundamental y primordial del ser humano es el de la confirmación afectiva de su ser desde su concepción.
Franz Veldman

Tuve la suerte de conocer a Frans Veldman en Alicante, en un curso sobre psicología del embarazo, parto y postparto. Corría el año mil novecientos noventa. Lo recuerdo perfectamente, un señor bajito, de pelo blanco y gesto cálido, que con aspecto entrañable hablaba del poder curativo del tacto a través de las manos. Ciencia de la afectividad o encuentro psico-táctil.

Sus ojillos vivos y suaves recorrían la sala como un rayo de luz, apoyando sus manos delgadas sobre la madera del atril del orador. Con frases lentas y apasionadas contó orgulloso uno de sus más notables logros; la realización de versiones externas, es decir, conseguir que el bebé que se presenta de nalgas gire su cuerpecito para colocarse de cabeza, guiado por las manos de su madre y del terapeuta.

La haptonomía o la ciencia del afecto a través del tacto fue fundada por este médico holandés a raíz de sus experiencias en la 2ª Guerra Mundial.

"Me marcaron gestos de humanidad extraordinarios e inolvidables, estos gestos dejaron en mi interior huellas imborrables que cambiaron mi vida".

A partir de entonces decidió consagrar su vida al estudio de la ciencia afectiva y emocional. Estructuró el conocimiento de la capacidad sanadora del afecto sobre las personas y lo enseñó al resto del mundo. El término haptonomía procede del griego *hapsis*, que significa "el tacto". Aristóteles habló del término *hapsis* o "contacto físico" como método efectivo de sanación.

Sus palabras, rayos de sol, mostraban a las matronas allí reunidas el movimiento vehemente y dulce de sus palmas, con sincero entusiasmo. Me sorprendió escucharle hablar con las manos a ese señor nórdico que parecía mediterráneo. Con voz calmada afirmó que a través de su disciplina es posible trabajar traumas de la vida prenatal, el nacimiento y los primeros días de vida.

Recuerdo con qué pasión subía y bajaba el tono de sus palabras; apacible o rápido, luchando por colarse en nuestra estrecha mente científica-obstétrica para convencernos de que el amor no sólo mueve montañas. A veces miraba a la intérprete, y a ratos ella sonreía ante el despliegue emocionado del profesor de pelo blanco.

Su afán era mostrarnos que a través de este contacto afectivo o haptonómico, el bebé siente a nivel intraútero el afecto y la ternura de sus padres.

El experto o terapeuta haptonómico es el que muestra a los padres los movimientos y gestos que deben hacerse con las manos para establecer comunicación con el bebé. En casa, la madre y el padre deben replicar estos pases suaves para obtener una respuesta de su hijo desde el vientre materno.

"El acercamiento humano haptonómico que se ha desarrollado sobre este fondo y que se manifiesta mediante una comunicación táctil característica, muy específica, genera un movimiento del alma benéfico".

También habló de lo útil que resulta para la madre practicar estos movimientos durante el parto. Dichas caricias calman a la mujer y guían al bebe en su salida al mundo exterior.

Han pasado muchos años y esta forma de terapia o

acompañamiento sigue siendo desconocida en los ámbitos obstétricos. Compañeros y ginecólogos la contemplan como una dudosa e ingenua alternativa de ayuda.

Al final de su charla, nos miró detenidamente, levantó la vista de sus papeles y nos dijo lo que todos sabíamos. Este método no se apoya en estudios científicos, es una experiencia personal y subjetiva que algunas gentes consideran pseudociencia. Su certeza era que funcionaba, su enseñanza, animarnos a probar. Ahí estaban y están sus testimonios. El resto, la etiqueta, poco podía importar.

Psicología Perinatal, la hermana pobre de la psicología

Escrito en 2016. ¿Qué es la psicología perinatal? Una especie de hermana pobre de la psicología que ni siquiera aparece en los planes de estudio, ni en las troncales, ni en las optativas. Nuestros futuros compañeros ni siquiera saben qué es. ¿A qué se debe ese silencio? La respuesta cae del aire como hojas en otoño. Son cosas de mujeres. Y de personas, añado.

Empecemos por la definición ¿Qué es la psicología perinatal? Una variedad de psicología orientada a la prevención, cuidado, apoyo, diagnóstico e intervención en las madres, en las familias durante todo el proceso que rodea al nacimiento. Desde la concepción, embarazo, parto y puerperio.

Una definición precisa y amable que borda el papel de una modalidad psicológica que en nuestro país se encuentra en pañales.

Los procesos de maternidad se contemplan como hechos fisiológicos y sociales absolutamente normales. Cierto. Sin embargo, la experiencia de ser madre marca profunda y en ocasiones negativamente a la mujer, pareja e hijos. Un hecho cotidiano, un ritmo de paso, un cambio de rol que de forma oculta se trasforma en una pesadilla disimulada.

La psicología perinatal es la gran olvidada, una disciplina velada que con ingenua ligereza se acurruca en el cajón de la comisión de género e igualdad. Una lástima, porque todos convivimos a diario con personas relacionadas con procesos de maternidad y/o paternidad. Padres, madres, hermanas, amigos, compañeros, familia y un largo etc. entran a diario en el cálido y apartado mundo de las madres y padres.

Mirando el colegio de psicología al que pertenezco, Copao (Colegio Oficial de Psicologia de Andalucia Oriental) y otros, encuentro áreas como intervención en catástrofes, trabajo, tráfico y seguridad, deporte y otras. Me pregunto: ¿cuántas catástrofes pueden suceder al cabo de un año en una provincia, en una comunidad, en un país? ¿Cuántas mujeres entran en la maternidad en un día, en unas horas, en unos minutos? Las cifras, de las que tanto somos amigos, cantan. La desigualdad escuece.

En las secciones de los colegios aparecen jurídica, intervención social, educativa, entre otras. Incluso en el Colegio General de la Psicología de España, Perinatal está ausente. No existe, ni en las áreas de intervención ni en los grupos de trabajo. La paternidad y la maternidad son invisibles, psicológicamente hablando. Con este sombrío horizonte por parte de los colegios profesionales de psicólogos, ¿Qué pueden esperar las madres, padres, mujeres en general? ¿Cómo visibilizar algo que parece ignorarse?

En España existe la asociación de Psicología Perinatal desde el año 2012. Actualmente hay un master de formación en psicología perinatal. Una pena que deba de existir una especialización en algo que resulta básico, vital y necesario. Debería contemplarse como un pilar imprescindible en la formación académica de los psicólogos.

Andamos muy preocupados por la triste y espantosa violencia de género. Cierto. Sin embargo, podíamos recordar que esos hombres fueron educados por madres que en algún momento se hallaron perdidas sin poder contar a nadie su dolorosa desviación de la normalidad.

Estoy convencida que lo esencial es cuidar a las personas que entran en estos procesos mucho antes de que la ausencia crónica de afectos, vínculos y fortalezas las lleve a convertirse en diabólicos enfermos.

Ojalá y algún día a la psicología perinatal la eleven a la

categoría que merece y aparezca brillando en el altar de las asignaturas troncales. Ojalá y algún día comparta espacio junto a sus hermanas mayores de las principales secciones de los colegios profesionales. Quiero pensar que no es cuestión de género, aunque parezca evidente, quizá sea falta de sentido común y sensibilidad.

Año 2022. A través de un compañero que está a punto de acabar Psicología me llega la triste realidad. La psicología perinatal ¡ni se nombra! No existe en los planes de estudio, ni tan siquiera ha oído hablar de ella en la facultad. Increíble, por no decir patético. Sin embargo, los políticos y otras tribus se llenan la boca con asuntos de género. Pero lo esencial, la psicología de la maternidad se ignora donde más debería sobresalir; en el mundo académico donde se forman los psicólogos, la universidad. Bueno, después de todo, no sé por qué me sorprende. Total, son cosas de mujeres.

PARTO

Plan de parto. Las palabras andantes

La utopía está en el horizonte. Camino dos pasos, ella se aleja dos pasos y el horizonte se corre diez pasos más allá. ¿Entonces para qué sirve la utopía? Para eso, sirve para caminar.
Eduardo Galeano

Plan de parto, un término acuñado por Sheila Kitzinger en 1980 en Estados Unidos. Tres palabras que los países anglosajones utilizaron para exigir un parto lo menos medicalizado posible. Mucho ha llovido desde entonces y ahí vamos, a trompicones, paso a paso.

El objetivo del plan de parto era facilitar un ambiente de confianza entre el equipo sanitario y la gestante, sin embargo, la teoría está a años luz de la práctica. ¿Por qué digo esto? En la mayoría de los casos, se consigue el efecto contrario; despertar la hostilidad de ginecólogos y matronas que no aceptan que "alguien" les diga lo que deben o no deben hacer.

Después de todo, lo que refleja este documento son las practicas respaldadas por la evidencia científica, como son: inicio espontáneo, elección de la postura en la dilatación y en el parto, no recibir intervenciones sistematizadas, posibilitar la ingesta de líquidos, contar con apoyo emocional y físico, facilitar una postura adecuada en el parto y no separar al recién nacido de su madre. Prácticas que muchas veces no se llevan a cabo.

Además de la reticencia de los profesionales aparecen otras dificultades. A veces los deseos de la mujer se desmoronan como un castillo de arena y lo que había imaginado no puede llevarse a cabo. De pronto debe improvisar, arreglar las expectativas rotas, coser las ilusiones descosidas, reconducir esa realidad inesperada que creía poder controlar.

He visto planes cargados de sueños, tan irreales como tiernos. Mujeres que junto a la frase "poder levantarse" añaden entre paréntesis, como una tímida súplica, la palabra "epidural". Hay un momento en el que las mujeres, orgullosas, desafiantes, muestran sus planes de parto natural, y sé con toda certeza que no podrán llevarlos a cabo. Son embarazadas que aún andan por la fase prodrómica (el parto no ha empezado) y ya se encuentras doloridas, cansadas, tibiamente desesperadas.

Sin embargo, no todo es de color rosa. Cuando una mujer se siente segura al realizar un plan de parto, aumenta su confianza, cierto, pero esa confianza puede deshacerse como un terrón de tierra si no se cumplen sus expectativas y es incapaz de adaptarse a la nueva situación. La falta de flexibilidad junto con una cierta rigidez mental puede ocasionar pérdida de autoestima.

Hacer un plan de parto implica comprometerse en una dirección y en ocasiones no es fácil, especialmente cuando se pone el listón muy alto. Dejar un margen de flexibilidad, aceptar los imprevistos y adaptarse suele ayudar.

Recuerdo a una asombrosa mujer de pelo negro y ojos castaños. Había presentado un plan de parto, dándole registro oficial de entrada para que respetaran sus deseos. Aquello provocó cierto recelo entre los profesionales. Corría el año 2016. Al final hubo que provocarle el parto tras una pre-inducción fallida con prostaglandinas. Rondaba las 42 semanas de gestación. Pasé la mañana del domingo con ella. Aún puedo verla en la Dilatación 4 botando en la pelota azul, escuchando música en su MP3, repitiendo consignas: *¡Venga, valiente! ¡Tú puedes! ¡Adelante!* Aquella gestante respiraba como bebiendo el aire.

Parió a media tarde una preciosa niña de 4,000 kg. El compañero que la atendió me contó que fue un parto precioso. Era azafata. Su padre la acompañó en el parto. La recuerdo con mucho cariño. N., estés donde estés, te felicito de nuevo. ¡Lo hiciste genial!

La historia interminable de la fase prodrómica

Cuando vi a Luisa aparecer, me quedé de piedra. En quince días había acudido a urgencias, pensando que estaba de parto, ¡siete veces! Era su segundo hijo, pero el primero al ser inducido por un embarazo en vías de prolongación, no contaba con referencias con las que poder comparar. Asustada y preocupada, por si paría en la casa, en el portal o en el coche, en cuanto sentía unas cuantas contracciones seguidas se arreglaba, cogía la bolsa y se iba a urgencias. Y aunque esta vez se lo había tomado con más calma, su marido preocupado viéndola moverse de forma anormal la obligó a subir al hospital, seguro de que esta vez, por fin, estaría de parto. Lamentablemente, tras un monitor (registro cardiotocográfico), regresó a casa. Tenía dos centímetros de dilatación.

Un segundo embarazo conlleva más molestias que el primero. ¿Por qué? Los músculos y el útero han pasado por un estiramiento previo y han perdido tonicidad. La musculatura se encuentra menos robusta, más sensible, lo que conlleva mayor tensión en el pubis, incomodidad en los ligamentos y aumento de las molestias. Por otro lado, la presión emocional por acabar o mitigar estos malestares es terrible y ante las primeras contracciones la confusión y el temor es inevitable.

En el parto hay varias fases, estas son:

➢ Fase latente o pródromos, es la etapa que se da al principio, antes de alcanzar los 3 cm.

➢ Fase activa, de 3 a 7 cm de dilatación.

➢ Fase de transición, de 7 a 10 cm.

➢ Fase de expulsivo, desde que se sienten los pujos, ganas fuertes de empujar, hasta que sale el bebé.

Hablemos de la primera fase, desalentadora y cansada que no termina de empezar o acabar. La historia interminable de los pródromos. Es una etapa en la que aparecen contracciones irregulares de diferente intensidad y que suelen durar entre 40 y 60 minutos, o quizás más. Su objetivo es ir preparando el cuello del útero, ablandarlo, centrarlo, madurarlo para que esté preparado para el inicio real del parto.

¿Cómo saber cuándo estás de parto? La pregunta del millón. Más o menos estas son las conductas que puedes experimentar:

➢ Sientes una explosión de energía 24-48 horas antes del parto.

➢ Notas un descenso del peso, entre 0,5 y 1.5 kg, debido a un cambio de electrolitos.

➢ Puedes tener diarreas, indigestión, náuseas o vómitos justo antes del comienzo.

➢ Te sientes muy comunicativa y receptiva. Habladora, sonriente y con ganas de conversar.

➢ Muestras independencia en tus cuidados y necesidades corporales.

Las características de las contracciones serían:

➢ Comienzan en la zona baja de la espalda y se extienden, hacia ambos lados del abdomen.

➢ No se alivia al caminar e incluso puede intensificarse al andar.

➢ La frecuencia de las contracciones oscila entre 5 y 10 minutos y suelen durar entre 30 y 40 segundos.

➢ Progresivamente vas notando un acortamiento gradual de los intervalos. Aumenta la frecuencia y con ella, la intensidad.

¿Qué puedes hacer mientras tanto?

➢ Realizar actividades livianas.
➢ Preparar la bolsa que llevarás a la clínica u hospital.
➢ Distraerte caminando, moviéndote.
➢ Darte un baño templado. Te ayudará a calmar la presión y disminuirá la percepción dolorosa.

En resumen, no te observes demasiado, deja pasar el tiempo y entonces si estás de parto, lo notarás, lo sabrás sin necesidad de anotar la frecuencia de las contracciones, sin tener a tu pareja reloj en mano o a tu madre insistiendo en salir corriendo.

Decía Tolstoi que "La paciencia es esperar. No es esperar pasivamente. Eso es pereza. Sino seguir avanzando cuando el andar se torna difícil y lento, eso es paciencia." Qué gran verdad.

Antes, cuando las mujeres notaban las primeras contracciones, se ponían a trajinar por la casa, dejando comidas preparadas, haciendo conservas u ordenando armarios. El resto era cuestión de esperar. Esperar sin prestar atención a que aumentaran la frecuencia y las molestias o sentir que habían desaparecido. Como rachas de viento. Así es esta fase. Rachas de contracciones que vienen y van. Paciencia y actividad. El cuerpo es sabio.

El taxi de la Epidural

La verdadera nobleza es caminar toda la vida con pasos que salen del corazón, que tus actos estén de acuerdo con tus ideas, aunque el precio sea alto.
Rosa Montero

Cuando empecé mi labor como matrona, no existía la anestesia epidural, el tema de quitar el dolor no se planteaba. Las mujeres que atendían me decían: *es un dolor que hay que pasar y punto*. Ese dolor agudo, intenso, rítmico que no está relacionado con patología o enfermedades se le solía llamar dolor sano. Y aunque parece una paradoja, no lo es.

Las cosas han cambiado y mucho. Hoy la anestesia epidural, atajo y ayuda, es un divino tesoro que no admite racionalización. Si puedo coger un taxi que me lleve a la cima de una montaña, ¿para qué voy a subir a pie?

En el Camino de Santiago, abundaban los carteles, trozos de papel, o paneles de madera con los números de teléfonos de taxis pegados o colocados junto a los árboles. Sobre todo, en las etapas más duras, en las empinadas laderas, en tramos montañosos, en repechos y grandes desniveles. Aún parece que los estoy viendo. Recuerdo a los peregrinos que iban delante de mí, mirando hacia otro lado, girando la cabeza tratando de no mirar los tentadores rótulos. También recuerdo a otros peregrinos detenerse, dejar la mochila en el suelo, sacar el móvil y ponerse a hablar frente al cartel.

Hace unos meses, una mujer en su tercera gestación me contaba este símil al preguntarle si había pensado ponerse analgesia epidural. La analítica había caducado y en caso afirmativo, precisaría actualizarla. Los partos de sus otros hijos habían sido uno con epidural y otro natural. Me miró fijamente, sonrió sin responder y al rato comenzó a hablar, incorporándose en la cama.

Parir sin epidural es como subir una montaña con esfuerzo y cansancio. Resulta agotador cuando estás en ello. Pero al llegar, nada de lo pasado importa. Incluso te sientes bien por haberlo logrado. Con la anestesia es diferente. La epidural es como si un helicóptero te dejara de pronto en la cima de la cumbre, así sin más, sin hacer nada.

No quise preguntarle cuál fue su mejor experiencia, o qué cambiaría si volviera atrás. ¿Para qué? Ya lo sabía. Dedicó más palabras, muchas más palabras al hecho de poder moverse, de pasar tiempo en la pelota y de la experiencia del parto natural que en el alivio que sintió cuando se puso la analgesia epidural.

Hay mujeres que viven el nacimiento de su hijo como un rito de paso, un esfuerzo más en el cotidiano devenir de la vida, otras prefieren lo contrario. No se es mejor madre por optar por una u otra opción. Para gustos, colores.

La placenta, ese árbol mágico y misterioso

Tras el parto es frecuente que la madre pregunte por la placenta. Desea saber cómo es, siente curiosidad. Hasta ahí todo perfecto. Lo asombroso es contemplar la cara de repulsa que la mayoría de las mujeres ponen al verla. A veces, la he mostrado explicándole las dos caras y las membranas, tal y como estaría su bebé ahí dentro. Tardan unos segundos en girar la cabeza y dejar de mirar. Cuando le informo que gracias a ella su hijo está en el mundo, cambian el gesto y terminan comentando que, a pesar de su importancia, es una cosa rara no muy agradable de ver.

Y es que ese órgano vital, esa especie de árbol mágico y misterioso es el gran desconocido en el universo del embarazo. Su nombre femenino procede del latín y significa "torta plana". Cierto, una torta roja de unos dos cm de espesor y unos 20 cm de diámetro que suele pesar alrededor de 500 grs. Susan Fisher, profesora en el Departamento de Obstetricia, Ginecología y Ciencias Reproductivas en la Universidad de California San Francisco, afirma: "En comparación con lo que deberíamos saber, no sabemos casi nada. Es un lugar donde creo que podríamos hacer avances médicos reales que serían de enorme importancia para las mujeres, los niños y las familias".

Empieza a formarse en la segunda semana, antes incluso de saber que estás embarazada. Sin ella no sería posible la vida. Es una especie de madre interna, que produce sus propias hormonas, además de ser un filtro fundamental que nutre y alimenta al bebé. Proporciona oxígeno y lo recicla transformándolo en anhídrido carbónico para ser expulsado por la madre.

La vida de una placenta es efímera, dura las mismas lunas que dura un embarazo. A partir de las cuarenta semanas comienza a envejecer y adelgaza como una bondadosa anciana que, a pesar de estar en sus últimos días, cumple su función y aguanta pacientemente hasta el momento final: el parto.

Una de sus caras, la cara fetal o placa coriónica, es un cruce de vasos sanguíneos, senderos que convergen en el centro, donde se halla el cordón umbilical. El cordón, una especie de camino donde peregrinan las venas y arterias que forman la cara fetal. Su superficie es suave como una caricia. Recubierta de las membranas que forman la bolsa, el amnios y el corión, parece el velo de una tímida novia que recubre el hueco que dejó el bebé.

La cara materna o placa basal la forman una serie de cotiledones, consistentes y esponjosos. Grandes racimos apiñados unos con otros, del color del vino tinto. Si pudiéramos mirarla al microscopio, de cerca, cuando aún está dentro, contemplaríamos un gran árbol de raíces ancladas en la madre tierra, la pared interna del útero. Al desprenderse y salir, lo que llamamos alumbramiento, se produce un sangrado y estas pérdidas que se dan en el posparto, son los restos de las pequeñas heridas, agujeritos, que ha dejado la placenta.

El Dr. Baergen, patólogo de placentas dice: "A la placenta se le ha llamado esencialmente la crónica de la vida intrauterina, cuenta la historia de lo que ha sucedido. Desempeña el papel de muchos órganos: hígado, riñón, respiratorio, endocrino. Te puede dar mucha información sobre la salud del bebé y de la mamá".

Actualmente, algunos grupos de mujeres favorecen la placentofagia, es decir, ingerir la placenta en cápsulas, infusiones o cocinada. Una práctica que por regla general resulta repulsiva, a pesar de que algunas actrices, ciertas tribus y los mamíferos lo hagan. Una moda más sin beneficio documentado. Un artículo publicado en International Journal of Research in Medical Sciences, concluye: "no existe evidencia científica que demuestre que comerse la placenta tenga algún beneficio para la madre o el niño. Por el contrario, se pueden producir infecciones y/o intoxicaciones por metales pesados".

Muchas culturas creen que la placenta es un pariente cercano del niño y le atribuyen cualidades humanas. Los antiguos egipcios y otros pueblos creían que la placenta es el ayudante secreto del niño o el ángel guardián. En Camboya, se considera que la placenta es el origen del alma del bebé, el lugar donde las entierran está rodeado de plantas con púas para proteger el alma del bebé de los malos espíritus.

En la isla indonesia de Bali, en la aldea de Bayung Gede, existe una tradición muy curiosa que consiste en encerrar la placenta en una cascara vacía de coco. Después se cuelga de un árbol en el cementerio del pueblo. Están convencidos que colgar la placenta de un recién nacido en el cementerio brinda protección mágica al bebé contra enfermedades y desgracias. En fin, algunas creencias humanas, qué poéticas son.

Gritos en el parto

Ella había gritado todo lo que tenía que gritar y más. Hasta las paredes retumbaban con sus chillidos, con ese tono salvaje y ostentoso que exhibía en cada contracción. Horas antes hablábamos tranquila sobre hijos, colegios y comidas de España. Modulaba su dolor con susurros bajando la voz. A ratos bebía pequeños sorbos de agua, apenas nada, lo suficiente para mojarse la boca. Cuando me fui se quedó de pie junto a la ventana, balanceándose con las piernas separadas, izquierda y derecha, controlando el vaivén como si fuera un baile. Al rato empezó a gritar. Regresé corriendo. Algo debió suceder. ¿Qué había cambiado? Me bastó abrir la puerta de la habitación para comprender. ¡Su hombre había llegado! El esposo se encontraba allí de pie junto a ella con el rostro descompuesto. Mirando aquella mujer menuda, me pregunté ¿Cómo puede salir un grito tan enorme de un cuerpo tan pequeño?

Escribí este texto hace años, a raíz del parto de una mujer marroquí. Estaba sola, su marido había ido a dejar los niños con un conocido. Era su tercer hijo y el primero que iba a nacer en España. Aquella mujer manejaba el dolor con serena paciencia, paseando arriba y abajo por la habitación. A veces apoyaba la frente en la pared y esperaba, emitiendo algún pequeño quejido pasajero, manteniendo el control. Y así estuvo hasta que apareció el marido. A partir de ese instante un sonido feroz, terrible, acompañó como una plañidera cada una de las contracciones. Dos horas de gritos incesantes hasta que nació el bebé.

El grito. Un recurso muy elocuente en la literatura para expresar experiencias humanas. Placer y dolor; alegría y rabia; protesta y triunfo; indignación y victoria. Todo un elenco de emociones extremas. Las mismas que suceden en un parto. El último grito de la madre da paso al primer llanto o grito de su bebé.

Cuenta el Talmud que, mientras permanece en la panza de su madre, un niño posee todo el saber acumulado en sus vidas anteriores. Por eso antes del nacimiento aparece un ángel que sella el labio del afortunado con un dedo, conminándolo así a mantener ese saber en secreto.

La intervención angelical deja una huella en el rostro del bebé: la pequeña hendidura entre el labio superior y la base de la nariz. En ese preciso instante, el niño ingresa a la vida olvidándolo todo… y grita por primera vez.

Resulta curioso saber que la cultura lo impregna todo, hasta el hecho más común y universal: el nacimiento. Por ejemplo, las indias sioux parían solas agarradas a un árbol sin emitir ni un solo sonido. Si gritaban y tenían un hijo varón, no podía ser guerrero y sería educado como las niñas.

Entre algunos pueblos se recomendaba a la mujer en trance de parto gritar muy fuerte para ayudar a la expulsión, mientras otros pueblos, como los indios Kunas, consideran una vergüenza que la mujer grite en esos momentos. Para evitarlo le administran, durante los meses de gestación, corazón de iguana. La iguana tiene la particularidad de que no emite un solo grito, aunque reciba varios balazos, cualidad que admiran y que esperan que pase mágicamente a la mujer que coma el corazón de este reptil, porque es en el corazón donde radica, según ellos, esta cualidad.

Algunas mujeres necesitan gritar, otras callan, silenciando un dolor que les llega al alma. Años atrás atendía partos de mujeres solas, sin acompañantes, sin analgesia y muchas de ellas no gritaban. Si en algún momento le decía que podían gritar, respondían: *¿Para qué? ¿Me va a quitar el dolor si grito? Es mejor guardar las fuerzas para más adelante.* Cómo cambian las cosas.

Y el primer grito me ensordeció. Nunca hubiera creído que mi voz pudiera ser tan alta y durar tanto. Y que todo aquel sufrir se me saliese en gritos por la boca y en criatura por abajo.
La plaza del Diamante, Mercè Rodoreda

Contador de contracciones

¿Es útil un contador, un reloj que nos ayude a contar contracciones?

Hace unas semanas sonó el timbre a las 5 de la madrugada. Andrea, ingresada por pródromos hacía un par de horas, notaba las contracciones más fuertes y quería que la reconociera para saber si estaba de parto. Recuerdo al marido, todo orgulloso, enseñándome la pantalla del móvil en el cual podía verse la frecuencia, duración e intensidad de las contracciones.

Me senté junto a ella y puse mi mano sobre su abdomen mientras charlábamos sobre lactancia. A los ocho minutos, apareció una breve contracción de mediana intensidad. Seis minutos después una contracción efímera hizo acto de aparición como una golondrina en primavera. Recuerdo el rostro perplejo del padre mirando el móvil una y otra vez. *No me lo puedo creer, dijo, ¡aquí están registradas y han sido cada cinco minutos y duraban cuarenta segundos! Increíble.*

Al día siguiente le dieron el alta, volvió de parto tres días después. De nuevo volvía a repetirse la historia interminable de la fase latente.

Cuando salió esta aplicación y otras parecidas, pensé que podría ser de cierta utilidad para las parejas, madres primerizas, que andan confundidas con el inicio del parto. Hoy, creo que provoca más ansiedad que confianza. A corto plazo su eficacia se pierde en el intento de registrarlo todo y llevar un exhaustivo control de lo que a veces es incontrolable. Paródicamente, crea el efecto contrario. Estar pendiente del cuándo y cómo conlleva ansiedad y preocupación por el desenlace.

Resulta más útil desconectar y dejarse llevar. Evitar obsesionarse con el tiempo, la frecuencia, la duración y esos parámetros que no precisan medición. La mayoría de las mujeres que acuden de parto refieren que días anteriores notaron salvas de contracciones que igual que llegaron se fueron, como aves en invierno. No le prestaron atención hasta que notaron las contracciones más seguidas y molestas al margen de la frecuencia exacta de aparición.

En la fase prodrómica, se recomienda distracción y relajación. Es una fase que puede durar horas, días e incluso semanas. Puede presentarse de forma continua o intermitente. Dicha fase conlleva cierta tensión y si a ello añadimos el estrés de anotar, controlar y cuantificar esas contracciones, la ansiedad está servida. Más que preocuparnos, debemos ocuparnos de manejar ese tiempo de incertidumbre. ¿Cómo? Realizando alguna actividad, caminar, bañarse u otra actividad suave como cocinar u ordenar. Cualquier cosa que mantenga tu mente ocupada. El tiempo dirá si esas contracciones aumentan en intensidad o desaparecen y entonces, sin prestarle atención, lo sabrás.

Estos programas contadores de contracciones se ofrecen como una gran ayuda para el momento del parto. Sin embargo, la información que he encontrado en internet sobre estas aplicaciones es un poco estresante. Juzgad vosotras mismas.

Puedes usar un cronómetro, un reloj, o una herramienta virtual de conteo para tener registro de la frecuencia y duración de tus contracciones. Utiliza un temporizador preciso, en lugar de un reloj digital sin segundos. Debido que las contracciones a menudo durarán menos de un minuto, es importante que puedas contar hasta los segundos.

Haz una gráfica para ayudarte a registrar tu información. Crea una columna titulada "Contracciones", otra titulada "Inicio de conteo" y una tercera llamada "Fin de conteo". Incluye una cuarta columna llamada "Duración" para contar cuánto duran las contracciones, y una quinta columna llamada "Tiempo entre contracciones" para calcular la cantidad de tiempo transcurrido entre el inicio de una contracción y otra.

Estoy convencida que no precisas una gráfica de cinco columnas para saber cuándo acudir al hospital o llamar a la matrona. Preguntar a vuestras madres y abuelas. Seguro que sus referencias os serán de ayuda. Confía en ti, en tu cuerpo, en tu intuición.

Tres Verdades sobre el dolor en el Parto

Dar a luz debería ser tu mayor logro, no tu mayor temor.
Jane Weideman

➢ Tanto si crees que puedes soportarlo como si no, estás en lo cierto.

Eres tú la que decides lo que quieres o no quieres tolerar. No es un factor ajeno a ti, es tu pensamiento lo que marca tu sentimiento y tras ello la conducta a seguir. Aceptarlo es el primer paso para sentir que lo que buscas o lo que temes está dentro de ti. Si crees que puedes, podrás.

➢ El cuerpo libera endorfinas para elevar el umbral del dolor.

Las endorfinas son neurotransmisores que producen un efecto sedante similar a los opiáceos, morfina. Una especie de auto anestesia que segrega tu organismo en el parto. Aportan serenidad, calma, confianza y una tibia sensación de seguridad en una misma. Sin embargo, estados de temor y ansiedad provocan un aumento de otro trasmisor, la adrenalina, que a su vez frena o inhibe las endorfinas. El miedo es un viento que impide la lluvia de esta mágica sustancia. Recuérdalo.

➢ El umbral del dolor está mediado por factores personales, vivencias y referencias culturales.

Resulta curioso saber que, en muchas culturas no occidentales, el dolor se asume como una parte del proceso del nacimiento. Una parte necesaria y desagradable por la que se puede transitar. Experimentar dolor no es sinónimo de sufrimiento y en este caso, como decía una madre en su segundo parto, *es un dolor alegre*. Pasarlo no es signo de enfermedad o anormalidad sino una consecuencia inevitable de un proceso natural.

Cada mujer es un mundo y cada parto es diferente. Las sensaciones que se experimentan son muy variables.

Algunas veces al escuchar a las mujeres quejarse y maldecir su suerte, suelo comentar que piensen lo que darían el resto de los pacientes del hospital por estar en su situación. Algunas sonríen y asienten con la cabeza, otras bromean con el esposo sobre la palabra injusticia.

Parto Natural con Epidural y sesgo de confirmación

En el fondo todos queremos creer aquello que nos interesa. Indiscutible y hasta cierto punto razonable, para ello adoptamos ciertas creencias erróneas como si fueran dogmas. Este hecho se conoce como sesgo de confirmación.

Eran las diez de la mañana, acababa de mirar el reloj. Me encontraba en la cola del banco esperando cuando una joven embarazada delgadísima, con sandalias doradas y vestido floreado llegó y se incorporó a la fila. Una de las trabajadoras dejó su mesa para saludarla.

—*Estoy de 38 semanas y seis días. Mañana mi ginecólogo me provocará el parto.*
—*¿Te vas a poner la epidural?*
—*He pensado en un parto natural con epidural.*
—*¿Pero eso es posible? Yo creo que no. Infórmate bien.*
—*Eso creía, pero buscando por internet encontré casos de mujeres que habían parido a su hijo sin la ayuda de ventosa y llevaban epidural.*
—*Sigo pensando que son dos cosas diferentes.*
—*Mi ginecólogo ha dicho que como es pequeñito, aunque me ponga la epidural saldrá fácil y a todos los efectos será como si fuera un parto natural.*
—*Te llamo esta noche y me cuentas.*

No sé por qué me giré. Me arrepentí nada más ver que seguía con sus gafas de sol puestas dentro de la amplia sala. Hacía frio. Un señor se quejó del aire acondicionado. Dio igual que dijera que era matrona, que sabía de lo que hablaba, que una cosa excluía a la otra, que un parto vaginal no es sinónimo de parto natural, que... nada.

—Mira. Por muy matrona que tú seas, un ginecólogo sabe más. Y si él me ha dicho que con epidural puedo tener casi el mismo tipo de parto que si fuera natural, será así.

Una señora de pelo blanco se unió a la conversación hablando de su época y ahí terminó la polémica.

En psicología se conoce como sesgo de confirmación al hecho de dar un mayor valor a las ideas que confirman nuestras propias opiniones. Lo hacemos con frecuencia. Incluso solemos recurrir a una fuente externa de poder o credibilidad que respalde nuestras creencias. Suele acompañarse de un pegajoso empeño por mantener un único punto de vista y una cierta tirantez argumental.

En este proceso las emociones son la reina madre de este tipo de razonamiento. Una respuesta por parte del cerebro muy maternal. Un cerebro que trata a toda costa de disminuir la disonancia cognitiva o el posible malestar que sentimos por mantener creencias contradictorias.

Junto a este sesgo de confirmación, camina su complementario, el llamado razonamiento motivado. Es la tendencia a juzgar de forma crítica aquella información que no concuerda con nuestras creencias. Aquella mañana mi pobre autoridad se diluyó como polvo en el agua.

Así son las cosas. Aunque en aquella cola del banco hubiera habido un doctor que desmontara su idea, ella no se convencería. Pensaría que está desfasado o que desconoce los avances en ese campo. Estoy segura de que su ginecólogo le contó lo que ella deseaba oír.

En cualquier proceso de toma de decisiones, realizamos una evaluación del coste personal que puede llevar el equivocarnos (pérdida de prestigio personal, de rol social, merma económica, etc.) y eso nos lleva a abrazar argumentos que confirman nuestra actuación, aunque sean incómodos de mantener.

En parte lo necesitamos. Este tipo de procesos inconscientes mantienen a salvo nuestra integridad personal. Dándonos la razón damos sentido a nuestras vidas, lo que hacemos, lo que pensamos y lo que queremos sentir. Ojalá y esa madre haya tenido el tipo de parto que esperaba alcanzar.

La desconcertante fase de transición

En el parto siempre hay un punto de inflexión que desmorona tus creencias, tu confianza, tus expectativas. Es la llamada fase de transición, un camino entre la dilatación y el periodo expulsivo. Una frontera visible e invisible capaz de destruir tu confianza como un tsunami.

Hablo de la fase de transición en un parto normal. Una etapa de va desde los 7, 8 cm hasta los 10 cm o dilatación completa. ¿En qué consiste? Las contracciones aumentan en intensidad y duración con una frecuencia alarmante, cada dos o tres minutos, llegando a durar hasta ochenta segundos. A todo ello hay que añadir un dolor que desconcierta y desespera a la vez.

Es la fase donde si has decidido tener un parto natural, puedes dudar e incluso pedir a gritos la anestesia epidural.

Sin embargo, observar a una mujer en ese momento conlleva cierta satisfacción, significa que pronto tendrá a su hijo en brazos. Cierto. Debes saber que ese pesar anuncia la fase final, el expulsivo y las ganas de empujar, igual que el alba anuncia la salida del sol. Sin embargo, en esos momentos la mujer suele perder el control y no es fácil que acepte mis certezas, de que, a pesar del intenso dolor, pronto tendrá a su hijo en brazos. Hasta su pareja, incrédula, se alarma al verla tan trastornada. Recuerdo una tarde a un hombre sudando, con las manos en el cabeza, alterado, suplicándome: *¡Por favor, haga algo ! ¡No ve que está sufriendo!* Veinte minutos más tarde, aquel hombretón calvo lloraba de alegría al ver la carita de su hija.

¿Por qué esta desesperación tan palpable? La magnitud

de las contracciones en los últimos centímetros y el comienzo del descenso de la cabeza por la vagina es de una intensidad arrolladora, desconcertante. Un momento en el que ella siente un desamparo emocional, una inquietante sensación de partirse en dos, que parece que nada ni nadie puede aliviar ese tremendo dolor físico. A menudo se observan breves periodos de somnolencia que desconciertan al acompañante y en ocasiones llevan a despertarla, alarmados.

Junto a esas contracciones pueden aparecer calambres, aumento de la sudoración, eructos, vómitos, salida de moco sanguinolento, temblores, ligeras pérdidas de sangre, hipo, náuseas y unas características perlas de sudor sobre el labio superior. La fuerza de la naturaleza cruda y brava para alumbrar la vida.

¿Qué puedes hacer en ese momento? Dejarte llevar. A pesar de su dureza, es una fase rápida, muy rápida. Adopta la postura que pida tu cuerpo: de pie, en cuclillas, cuadrupedia (a cuatro patas), sentada… lo que desees. Y aunque en esos instantes el parto parezca un asunto demoledor e interminable, ten la certeza de que pronto notarás ganas de empujar. Seguro. Antes de lo que imaginas, tendrás a tu hijo sobre tu pecho, piel con piel.

Te dejo este texto de la novela que escribí "El parto de Clara" en la que la protagonista atraviesa esta etapa.

Han pasado unos minutos desde la última contracción. Muevo los pies, cambio la postura, las sábanas van por un lado; yo, por otro… el tormento baja por los muslos, se asemeja a una quemadura que arde. Estas contracciones son peores, horribles…

Me acaricia indeciso, lo rechacé varias veces. Cuando puso su mano en mi cara, raspaba como una lija sobre la madera. Quería decirle que no deseaba ningún contacto físico, pero no sabía cómo hacerlo. En el instante álgido de la contracción, todo molestaba. La sabana me daba calor, su mano pinchaba, sus palabras arañaban; todo, ¡todo estorbaba! Incluso los suaves toques de la matrona enervaban mi ser. Lo último que quería era que me tocaran...

¡Qué espanto! Incluso ahora al recordarlo se me eriza la piel. Las contracciones eran tan intensas que parecía que de un momento a otro iba a partirme en dos, como si me fuera a estallar la barriga...

Grité. Moví las piernas, chillé. Fue una contracción diferente, más intensa, un suplicio que se extendía por los muslos hacia el pubis y la zona de dentro como si me clavaran diez tenedores a la vez.

La sensación de irrealidad es terrible, no se puede expresar.

Frases dichas, conceptos erróneos. Ficciones

Cuando nuestras ideas chocan con la realidad, lo que tiene que ser revisado son las ideas.
J.L.Borges

Resulta curioso escuchar día tras día un montón de frases erradas cargadas de buenas intenciones. Sentencias que afirman dichos populares. Son como esas leyendas urbanas que circulan de boca en boca sin un ápice de verdad. En obstetricia y en partos pasa igual. Las escucho y las desmonto una y otra vez, sin resultado aparente, en espera de aclarar comentarios equivocados.

➢ Se me ha pasado la epidural.

La epidural es muy efectiva durante la dilatación. El efecto disminuye un poco al llegar el periodo expulsivo, para que puedas notar las contracciones y empujar. La perfusión, la entrada del analgésico a través de ese catéter, tubito, que está pegado a la espalda, continúa hasta la salida del bebé. El "se me ha pasado la epidural" significa dejar una fase cómoda y adentrase en otra que conlleva esfuerzo y a veces dolor.

➢ Como era de noche, me pusieron una inyección para dormir y pararme el parto.

Si tuviéramos el poder de frenar los partos, no habría bebés prematuros.

Sin embargo, ¿cuántas veces hemos escuchado y sobre todo escucharemos esa dichosa frasecita? Lo más triste es contemplar a la mujer dolorida, molesta, insomne, rechazando la ayuda, porque sus familiares "desconfían" del personal sanitario.

En ocasiones las gestantes dicen sí, y sus madres y suegras, lamentablemente, dicen no.

➤ En mi parto anterior, me hicieron una cesárea vaginal.

Aún recuerdo el rostro anonadado de la residente de ginecología cuando escuchó "eso" por primera vez. La mujer insistía muy convincente mientras la doctora ponía los ojos como platos. Es un concepto antiguo que aún se escucha, refiriéndose a una gran episiotomía y un parto instrumental (fórceps o ventosa). La cesárea sólo se hace a nivel de abdomen.

➤ ¡10 centímetros! ¿No podía dejarlo en 6 o 7?

Los centímetros necesarios para que el cuello del útero se dilate totalmente para permitir el paso del bebé esta determinado por la naturaleza. No es una decisión de la matrona.

➤ Quiero un parto natural con epidural.

Ambas son excluyentes, no pueden ir cogidos de la mano. Sería como decir; quiero correr el maratón conduciendo un coche. Algunas peticiones resultan tremendamente cándidas.

➤ Mi madre acabó en cesárea, igual que su madre y lo más seguro es que yo acabe igual. Es de familia.

El desenlace obstétrico de un embarazo; parto vaginal o cesárea, no es hereditario de madres a hijas, ni abuelas a nietas. La predisposición a necesitar una cesárea no se hereda. A veces cuando he preparado a una mujer para una cesárea; sondaje, medicación, etc. me dice: *¡Se lo he dicho! ¡Es de familia!*

He traído los dichos más habituales. Ojalá que esta entrada pueda ayudar a las mujeres a decidir por ellas mismas, al margen de la "obstetricia popular".

Grabar el parto

Grabar el parto de mi mujer. Ese parece ser el deseo más inmediato de algunos padres. Cuando los veo cámara en mano frente a las piernas de ella, les diría: *por favor toma su mano y deja la cámara.* ¿Qué es lo importante en ese momento? ¿Quién necesita más que nada el calor, apoyo y cercanía de su pareja? Ella y solo ella, la mujer que está a punto de traer su hijo al mundo. Si este hecho lo tenemos todos muy claro, ¿Por qué muchos hombres no se dan cuenta? ¿Acaso no notan la mirada suplicante de su compañera en ese decisivo instante?

Resulta llamativo que nada más entrar en la sala de dilatación, una de las preguntas que suelen manifestar es si podrán grabar el parto de su mujer.

Una mañana me llamó la atención un hecho curioso. La insistencia de un marido con el tema y en especial, el rechazo firme, tajante y contundente de la mujer a ser grabada. Al final, el esposo resignado accedió a los deseos de su pareja y la cámara de vídeo permaneció guardada en la bolsa azul hasta que el bebé estuvo sobre el pecho de su madre. Más tarde, cuando ella y yo nos quedamos a solas, le pregunté: *¿te importaría decirme por qué razón no deseabas que grabara tu parto?* La madre bebió un poco de agua y dijo: *No quiero que me vea todo el mundo. ¡Menuda vergüenza! Hace unas semanas dio a luz la mujer de un compañero de mi marido y el vídeo de su parto lo vieron todos los de la obra. ¡Todos! Se lo llevó en una Tablet. Hasta el aparejador que andaba por allí lo vio.*

Si eres hombre y pasas por aquí, creo que estas sugerencias pueden ayudarte a ser la pareja que ella desea y necesita en esos momentos. Adelante:

➤ Pregunta antes del parto sobre los deseos de ella. Lo que espera de ti y lo que no desea.

➤ Recuerda que ella es la protagonista absoluta de ese momento. La actriz principal.

➤ Relájate y alíate con la paciencia, una de las compañeras más competentes que vas a necesitar. Guarda el reloj, el tiempo aquí es un concepto relativo.

➤ Apoya sus decisiones, aunque sean cambios de última hora.

➤ Cuida su entorno físico, permanece atento a sus requerimientos. Frío, calor, luz, penumbra, charla, silencio...

➤ Permanece atento a las señales. Ella buscará tu mano, el contacto de tu piel, tu mirada, tu voz, tus palabras de ánimo, tu fuerza, tu calma, tu cercanía física... en una palabra, ella te necesita, aunque sus labios no lo puedan expresar.

Guerra y paz. Abuelas y padres

Eran las tres de la madrugada de finales de diciembre. Un tímido alumbrado navideño bailaba en el pasillo del paritorio. Ana botaba sobre una pelota verde en la dilatación dos mientras charlaba con su pareja, riendo, bromeando, habían olvidado el body blanco del bebé sobre la mesa del salón. La celadora llamó a la puerta. Los futuros abuelos se encontraban fuera esperando ansiosos y reclamaban información sobre la marcha del parto. Mis compañeras acababan de hacer café.

Ambos se miraron, tensos como un elástico.

Dijimos que les avisaríamos cuando naciera el bebé. Debían esperar en casa. El parto es cosa nuestra, de mi mujer y mía. ¿Por qué han venido? Se levantó de la silla y caminó por la habitación, los brazos cruzados sobre el pecho, el ceño fruncido. *Dígales que todo va normal, que estamos bien y que recuerden lo que dijimos: cuando nazca, ya avisaríamos.*

Sucedió que los abuelos llamaron a la pareja, la abuela llamaba constantemente, y al comprobar que los móviles se hallaban apagados, imaginaron lo que estaba sucediendo y corrieron la voz. Después, subieron al hospital, comprobaron que la hija se hallaba ingresada en paritorio y se sentaron en la sala de espera. Eran las dos de la madrugada, por la ventana podían verse las estrellas. Llamaron varias veces, mandaron whatsapps, pero los móviles seguían apagados. Y ahí se quedaron, haciendo lo que creían que debían hacer, al margen de los deseos de la pareja.

¿Chantaje emocional, presión familiar, manipulación

afectiva? O tal vez creencias sociales, personalidades dominantes, costumbres, roles… Un batiburrillo de todo esto.

El resto del parto de Ana transcurrió más o menos bien, acompañado de miradas y palabras referidas a los abuelos. Sin embargo, nada volvió a ser igual, un velo incómodo semejante a una niebla llenaba la sala de dilatación. Los gestos de las pareja, las caricias, las palabras danzaron con otro ritmo, otra entonación. Paso a paso la madrugada fue acortando la espera, los futuros padres lamentaban que los abuelos, los cuatro, estuvieran a esas horas en el hospital, a su edad.

A veces el marido miraba el móvil que tenían en la repisa blanca de la ventana, sin decir nada. A veces la mujer insistía con voz débil para que él saliera a verlos y tranquilizarlos. Y aunque estaban informados, tras la llegada de la celadora, salí a hablar con ellos. Ana seguía intranquila.

La mujer que va a parir debe centrarse en su parto, su esfuerzo, su calma, su momento. Por lo general, cuando la familia espera fuera, ella está más preocupada por los que aguardan impacientes que por su propio proceso.

A las siete y media nació María. Mientras la pequeña respiraba piel con piel pegada a su madre, Ana agarró la mano de su pareja y se la llevó a los labios, bromeando sobre su barba, antes de decirle: *por favor sal y cuéntales*.

Ante madres y suegras controladoras, obsesivas, acaparadoras, las hijas se sienten presionadas, coaccionadas, débiles y al final suelen claudicar. Ceden por piedad, por complacer la voz de la sangre, por obligación, por debilidad. Y además cede la mujer, con el único objetivo de mantener un cierto equilibrio entre ella, su pareja y los familiares. Un frágil equilibrio entre la guerra y la paz.

Parto orgásmico

El tiempo pasa, los años corren y aún estoy por escuchar a una mujer hablar de su parto orgásmico. Mira que he atendido partos y he escuchado a madres hablar de su experiencia y en ningún momento, jamás, he oído hablar del parto como un instante físicamente placentero, como un momento orgásmico.

Me imagino que esto es como las brujas o las meigas y el dicho que dice: *Yo no creo en las meigas, pero haberlas, las hay.*

Años atrás, con la aparición del documental *orgasmic birth*, recuerdo haber preguntado a las madres que habían tenido varios hijos sobre su experiencia placentera en el parto. Algunas de ellas me observaban como quien mira a un extraterrestre, otras pidieron que repitiera la pregunta y una de ellas contestó que con estas cosas no se debería bromear.

Debemos ser respetuosos con las palabras utilizadas, porque nos confunden e incomodan. Parir es un acto sagrado, una especie de batalla física, emocional en la que el tiempo parece detenido en olas de esfuerzo, anhelo y dolor, sí, dolor. Poner como enunciado la frase "parto orgásmico, parto respetado o parto natural" me parece todo un disparate.

Sólo en los nacimientos y en las muertes se sale uno del tiempo; la Tierra detiene su rotación y las trivialidades en las que malgastamos las horas caen sobre el suelo como polvo de purpurina.
Rosa Montero

Vayamos por partes. ¿Qué dicen los teóricos?

El parto orgásmico se produce porque el propio movimiento del útero es en sí mismo productor de placer, siempre que los músculos funcionen acompasadamente, según el proceso sexual normal; que es lo que sucede cuando el parto se produce de forma natural y se activa según la forma establecida filogenéticamente, por el sistema sexual de la mujer.

Frédérick Leboyer

Lo siento, pero no estoy de acuerdo. He asistido a nacimientos gozosos, atendido partos espontáneos, eutócicos, absolutamente naturales en entornos cómodos, sin medicación, con la mujer deambulando y la sensación dolorosa sigue estando presente, por mucho respeto que se tenga a la fisiología normal y al desarrollo natural del parto.

Para aclarar, nacimiento-orgásmico no significa necesariamente que experimenta el orgasmo, sino que NACIMIENTO conectado con su cuerpo y su bebé con sentimientos de éxtasis y abandono, con el apoyo de la fisiología normal. Cuando las mujeres no tienen esta experiencia, por lo general es debido a factores y/o intervenciones ambientales que perturban el proceso, el nacimiento orgásmico no es un estándar de rendimiento, pero es derecho de nacimiento de cada mujer.

Elizabeth Davi, codirectora del National Midwifery Institute

Es muy distinto sentirse conectado con tu hijo y tu cuerpo, sentir un gozo emocional que experimentar un orgasmo. La noche y el día. La definición de parto orgásmico es aquel en el que la mujer siente placer físico durante el parto. El mismo que se experimenta en las relaciones sexuales.

Sí es cierto que el parto y la excitación sexual comparten ciertas características, dos polos opuestos con similitudes. El dolor y el placer. El gozo y el tormento. Por ejemplo, la respiración se torna más profunda en algunas fases del parto al igual que sucede al comienzo de la excitación sexual. La expresión facial en ambos casos, parto y orgasmo, se asemeja al rostro de un atleta preparándose para un esfuerzo violento. La inhibición verbal y física se dan en ambos contextos. Tras la salida del bebé la mujer recobra sus sentidos, sintiendo una agradable sensación de bienestar, igual que sucede tras el orgasmo.

Sheila Kitzinger, autora de manuales sobre maternidad, habló durante décadas acerca de las bondades del nacimiento orgásmico. Hoy afirma que sería un error sostener la idea del orgasmo en el parto como un nuevo estándar de calidad en el mismo. "El orgasmo es un efecto secundario, no es el objetivo. No queremos que las madres y/o matronas sientan que han fallado si la mujer no tiene un orgasmo".

Orgullo y Prejuicio. Partos respetados en el hospital

La vanidad y el orgullo son cosas distintas, aunque muchas veces se usen como sinónimos.
Jane Austen

Hace poco una gestante comentaba: *buscaré una matrona que me asista en casa porque quiero tener un parto respetado.* Loable pero no del todo cierto. De un tiempo a esta parte parece que la atención en los hospitales es cruenta y desfasada, mientras que los únicos lugares donde se puede vivir un parto digno son en casas particulares o centros de nacimiento.

En internet circulan como gaviotas vídeos preciosos de partos respetados, en el salón, en una piscina, en la cama. En ellos se puede ver como las madres abrazan a su hijo recién nacido con una emoción sin igual. La misma emoción que sienten otras madres al traer sus hijos al mundo en un paritorio de un centro hospitalario.

En los hospitales también hay partos respetados, fisiológicos, espontáneos, naturales, eutócicos. Partos sin medicación, sin intervención, sin episiotomía y sin separar a la madre de su hijo durante toda su estancia. En ocasiones, la bondad de la atención no depende del lugar.

A veces nuestras sugerencias y recomendaciones caen en saco roto. ¿Qué hacer cuando la mujer rechaza caminar, levantarse, sentarse en una pelota o esperar? ¿Qué hacer cuando ves la cabecita del bebé asomando y ella cierra las piernas gritando?

Las matronas de hospitales no somos demonios ni ángeles, somos personas, profesionales que queremos ayudar a esa madre. A veces podemos, a veces no. Por supuesto que hay muchas cosas que cambiar, que mejorar, pero nos movemos en un sistema jerárquico y nuestras palabras son globos de aire que van a ninguna parte. La fuerza la poseen ellas, las mujeres, las gestantes. Una fuerza y un derecho que en ocasiones rechazan ejercer y reclamar por escrito. Lástima que no se crean el potencial que poseen para cambiar las cosas.

La realidad es un abanico de colores, fuera y dentro del entorno de batas verdes. Las historias tristes de partos en casa se silencian, no se hacen vídeos. Lo mismo sucede con las mujeres que han tenido un parto respetado en un paritorio, o en la cama de dilatación. Lo afirmo una y mil veces. ¡Ojalá y todas las embarazadas tuvieran un parto natural! Lo sé, las personas somos muy complicadas y nada es lo que parece.

Hace unos días una mujer vivió un precioso parto, espontáneo, eutócico en una silla bajo una luz tenue que grabó la abuela. Cuando la madre mostró el vídeo a amigos y familiares, la respuesta general fue una enorme sorpresa porque pensaban que ese tipo de atención no podía darse, ni remotamente, en un centro público.

En los hospitales no hay buenos ni malos, ni todo es blanco ni negro, si no a rayas como todos nosotros. Y afirmo con conocimiento de causa: también hay partos respetados en el hospital. Aceptemos lo compleja que es la realidad sin poner etiquetas porque como decía Gabriel García Márquez: "No tenemos otro mundo al que podernos mudar".

Ina May Gaskin

Hay hombres que luchan un día y son buenos. Hay otros que luchan un año y son mejores. Hay otros que luchan muchos años y son muy buenos. Pero hay quienes luchan toda la vida, esos son imprescindibles.
Bertolt Brecht

En todos los tratados de obstetricia puede encontrarse una maniobra utilizada en última instancia para manejar la distocia de hombros o salida dificultosa de los hombros. Esa técnica mundialmente conocida por ginecólogos y matronas lleva el nombre de la partera más famosa del mundo. Un procedimiento obstétrico que aprendió de parteras guatemaltecas tradicionales. La llamada maniobra de Gaskin. ¿No os parece asombroso?

Tras las enormes gafas podemos ver los ojos inquietos y vivarachos de esta partera, luchadora infatigable por el respeto y el cuidado de la mujer en el parto. Un icono en el mundo de la matronería. Para ella la figura de la matrona es imprescindible, cada nacimiento debe ser tratado con mimo, cada parto es sagrado.

Corrían los años setenta con sus emblemas de paz y amor, cuando la joven Ina y su pareja actual recorrieron Estados Unidos en un viaje conocido como la caravana. 50 autobuses ofrecían conferencias y acompañamiento a las mujeres y sus familias en ese delicado momento.

Posteriormente, y tras el éxito de sus métodos y el cariño de sus seguidores, se establecieron en Tennessee, en un lugar llamado "La Granja" para recibir y atender a las mujeres que deseaban dar a luz fuera del hospital. Con una tasa de cesáreas del 2% en unos 3.000 partos atendidos en La Granja, la señora Gaskin representa una autoridad y un referente mundial en el campo de la obstetricia.

Cuando voy a los hospitales hablo sobre cómo hacemos las cosas en La Granja. Me encanta hablar con ginecólogos. Las matronas y los médicos tenemos mucho que aprender unos de otros.

Su lema es respetar y observar. Intervenir solo si es necesario. Su apoyo es sincero cuando habla de apoyar a todas las mujeres, las que opten por parir en casa o en un hospital.

Fundadora de la alianza de las matronas de Norte América, su actividad es incansable. Ha publicado numerosos libros, impartido conferencias, clases, talleres en hospitales y facultades de medicina, protagonizados vídeos, documentales, programas televisivos, debates. Hasta tal punto que la han llamado "La matrona más famosa del mundo".

Es posible tener un buen parto en un hospital, pero tiene que haber gente muy sensible para poder asistir a las mujeres. El más mínimo detalle puede hacer perder toda la energía que se mueve en el nacimiento.

Una de sus fotografías muestra su pelo desordenado, enmarcando esa sonrisa cálida de persona comprando el pan, orgullosa del paso del tiempo, sin disimulos ni atrezzos, enseñando maniobras de palpación a una de sus alumnas. La señora Gaskin cuenta con numerosos premios. Doctora honoris causa por la universidad inglesa Thames Valley University en 2009 y co-ganadora en 2011 del premio nobel alternativo o Livelihood Award por su inmensa labor y respeto del parto natural.

En la actualidad, continúa con su labor formativa e informativa por todo el mundo, resaltando la importancia vital de las matronas para salvar lo que de verdad importa: la maternidad. Ina May Gaskin, una comadrona excepcional, que anima a los varones a participar en el nacimiento a la vez que insiste que toda mujer debe ser tratada como diosas en el momento de parir, con cuidado y respeto. ¡Ahí es nada!

RECIÉN NACIDO

David Chamberlain y la Mente del Recién Nacido

Hay hombres cuya grandeza consiste en hacer sentir grandes a los más pequeños, a los más vulnerables. Estoy convencida de que David Chamberlain, psicólogo, profesor, conferenciante, escritor y pionero en la investigación de la psicología perinatal, fue uno de ellos.

Fundador de la asociación Birth Psychology, y miembro fundador de la Asociación Americana de Psicología y Medicina Pre y Perinatal (APPPAH), dedicó su vida a proteger y defender a los más vulnerables: los bebés.

Fallecido en 2014, desde aquí mi pequeño homenaje a este hombre que revolucionó el mundo de los recién nacidos. ¿Cómo? En los años 70, tras realizar un curso sobre aplicaciones clínicas de la hipnosis, descubrió que sus clientes describían percepciones prenatales, sentimientos y experiencias de sus nacimientos.

Es fácil imaginar la revelación que debió suponer el descubrir que todas nuestras experiencias precoces o tempranas estaban grabadas en nuestro cerebro, incluso antes de nacer. Escuchar al profesor contar que los bebés intraútero pueden oír, ver, saborear y en definitiva, sentir, debió de parecer una clase de fenómenos paranormales.

Por entonces se creía que debido a la inmadurez cerebral, los recién nacidos carecían de memoria y recuerdos. Hoy sabemos que los bebés aprenden su lengua materna antes de nacer. A través de espectroscopia acústica, se han elaborado sonidos detallados similar a las huellas dactilares. La voz de su madre llega al útero, las ondas sonoras pasan directamente a través de su cuerpo. Resulta asombroso conocer que el llanto de un bebé contiene algunas características de la voz y los ritmos característicos de su madre. Milagros de la naturaleza.

Hasta hace poco, se pensaba que el olfato necesitaba el aire para su desarrollo y por tanto el aprendizaje de los olores no se contemplaba antes del nacimiento. Sin embargo, conocemos la compleja interacción de los receptores quimio sensoriales en el útero. Muchos compuestos químicos, incluidos los de la dieta de la madre, pasan a través de la placenta y llegan al bebé en el útero, mientras que otros fluyen en los capilares de la mucosa nasal. Al respirar y tragar líquido amniótico, el bebé se familiariza con la dieta de la madre, incluyendo cosas como el ajo. Incluso antes de la exposición postnatal a la leche materna, los bebés ya saben y prefieren la leche de su propia madre.

El bebé sabe mucho más de lo que creíamos. Tras ver el rostro de su madre nada más nacer, puede identificarlo entre varias fotografías.

Teniendo en cuenta que la ciencia trataba a los bebés como seres simples, virtualmente sordos, ciegos y mudos, estos hallazgos fueron más que una revolución. Cierto. Se pensaba que el llanto de los recién nacidos sugerían sonidos primarios, que las sonrisas expresaban gases y que sus expresiones de dolor eran simples reflejos primitivos. De hecho, la analgesia para los recién nacidos se utiliza desde hace solo veinte años.

La idea de los profesionales de que los recién nacidos no tenían capacidad para sentir justificaba el aislamiento de los nidos, la intervención rutinaria durante el parto, la sustitución del pecho materno por una tetina de plástico...

El doctor Chamberlain opinaba que todo lo que los bebés experimentan desde la concepción es muy importante, ya que son conscientes y pueden escuchar, sentir y comunicarse antes del nacimiento. Seguro. Las madres lo sabemos. Sabemos con certeza la postura en la que nuestro hijo está cómodo. Conocemos la música que le gusta o detesta, cuando están a gusto o a disgusto. Sabemos que son más complejos de lo que parecen.

David Chamberlain escribió el libro "La mente del recién nacido", un libro que ha sido traducido a más de una docena de idiomas y es lectura obligada en muchas escuelas de matronas. Su objetivo es que seamos conscientes de que nuestras actitudes y conductas hacia ellos influyen en sus sentimientos, percepciones y pensamientos. Gracias a él sabemos que los bebés poseen una memoria emocional, un sistema que fija los recuerdos a través de las emociones experimentadas.

Esperados o inesperados, los recuerdos del útero llevan todas las marcas del espíritu humano que ya se enfrenta a los desafíos que trae la vida.
D. Chamberlain

Dejarlo llorar, que no se acostumbre a los brazos

Un bebé solo, eso no existe; existe el bebé y alguien más.
D.W.Winnicott

Además del alimento y el calor, un recién nacido necesita cariño y protección. Y esto solo lo dan los brazos, el contacto piel con piel, el tacto, las manos, las caricias, los besos, en resumen, la cercanía humana. Antiguamente se dejaba llorar a los bebés para expandir sus pulmones. ¡Menuda tontería! Frase que, lamentablemente en 2022, aún podemos oír.

La psicóloga Cristina Silvente afirma, "el apego es el vínculo emocional que desarrolla el niño con sus padres y que le proporciona la seguridad emocional indispensable para un buen desarrollo de la personalidad. Las áreas del cerebro que en el futuro serán responsables del comportamiento social, la regulación emocional, el afrontamiento al estrés se desarrollan durante los tres primeros años de vida. Según hayan sido sus cuidados, lo harán normalmente o de forma deficitaria con implicaciones en su conducta social y su salud mental futura. Las caricias ayudan a regular el sistema nervioso del bebé".

Hay que tener en cuenta que los bebés se comunican con el llanto para garantizar su supervivencia. Es su manera de decirnos que algo no va bien, que necesitan atención. Puede que sientan hambre, sueño, incomodidad o quizás necesiten nuestro contacto.

Es importante saber que la regulación emocional de un bebé la realiza a través de la cercanía corporal de su madre, padre, familia, cuidadores. Es decir, personas que están atentas a los requisitos del pequeño. Acostumbrarse a que tu madre o tu padre te lleve en brazos cuando más necesitas su calor, protección y amor resulta más que saludable.

Los bebés que son llevados en brazos no lloran, no tienen cólicos, no vomitan. Madres africanas, vietnamitas, sudamericanas... portan a sus bebés con ellas. Estos pequeños crecen en sintonía afectiva porque la madre responde instintivamente a sus necesidades, desarrollando lo que se conoce como apego seguro.

Un bebé al llorar consume mucha energía, llorar es su último recurso. Llora porque se siente solo, en peligro y está sufriendo. No es un acto de manipulación. Dejarlo llorar a lo largo de varios días conlleva un estrés mantenido para el pequeño, algo perjudicial. Cuando el bebé tras un llanto continuo se duerme, no duerme porque haya aprendido a hacerlo, sencillamente se ha rendido, poniendo en marcha mecanismos de defensa para seguir vivo.

Nos han enseñado a cubrir sus necesidades fisiológicas, como son el alimento, la higiene, el descanso, sin tener en cuenta que las necesidades emocionales son tan importantes como las necesidades físicas. Los pequeños lloran como respuesta a la angustia de la separación, es fácil comprobarlo, solo hay que cogerlos en brazos para ver cómo se calman. Se ha visto que los bebés que se encuentran en cunas lloran diez veces más que los que se encuentran en contacto con su madre.

Por otro lado, los padres que cogen a sus hijos en brazos desoyendo los consejos de amigos y familiares se sienten frustrados. Sin razón, pero así es, ya que lo viven como una pequeña derrota personal, un signo de debilidad frente a sus retoños. En ocasiones ocultan este hecho para mostrar una imagen adecuada a los roles que su familia, principalmente, espera de ellos.

Dejemos que el viento se lleve estas frases compasivas, bienintencionadas, pobres, patéticas que van en contra del instinto materno, el instinto básico de protección y cuidados hacia los más débiles, nuestros hijos.

Yo no dejaría jamás llorar a mi hijo. Ni a mi esposa, ni a mis padres, ni a mis amigos. Cuando una persona a la que quiero llora, voy a ver qué le pasa e intento consolarla. Lo normal en la especie humana es hacer caso de nuestro bebé: cuando llora, cogerlo en brazos; si se despierta, consolarlo.
Carlos González

Estados de conciencia

Aparte de comer y dormir, ¿el bebé hace alguna cosa más? Pregunta Inés, mientras sujeta su pelo con un coletero, rojo como las sandias. Le sorprende lo espabilado que está, con los ojos abiertos, mirando, absorbiendo la vida.

Desde que llegamos al mundo y comenzamos a respirar, las personas mostramos seis estados de conciencia. Estos estados oscilan desde el sueño profundo al llanto. En el primer mes, pasan un 90% de su tiempo durmiendo, atravesando diferentes etapas. Principalmente alternan entre sueño activo y sueño tranquilo. Cada una de estas fases presenta conductas específicas. Aquí os dejo los seis estados por los que pasa un recién nacido.

➢ Sueño tranquilo o sueño profundo.

Se muestra relajado con los ojos cerrados, respira profundamente y no responde a estímulos.

➢ Sueño activo o sueño ligero.

También llamado sueño de movimientos oculares REM. Los ojos se mueven con rapidez bajo los párpados. Se observa actividad motora de brazos y piernas, movimientos de succión, muecas o sonrisas. La respiración es irregular y superficial.

➢ Somnolencia o Modorra.

Estado de transición entre la alerta y el sueño, con moderado nivel de actividad. Suele mostrar sonrisas, bostezos, pestañeo frecuente o fruncir el ceño.

➢ Alerta tranquila.

Permanece con los ojos abiertos, brillantes,

resplandecientes, vigilantes. Puede seguir un objeto, fijar la mirada en un rostro o imitar expresiones faciales. Es el estado ideal para jugar e intercambiar risas, gestos, sonidos y miradas con tu hijo. Ellos se muestran atentos y tranquilos con escasos movimientos.

➤ Alerta inquieta.

Se pueden ver muecas faciales. Suelen estar inquietos con movimientos de brazos y piernas. Es el estado de transición al llanto activo.

➤ Llanto.

Es su forma de expresar sus necesidades. Aparece llanto continuo con movimientos desordenados, incontrolados. En este estado es fundamental hablarles, acunarles y acariciarles. T. Brazeltón habla de 4 tipos de llanto: dolor, hambre, aburrimiento y molestias.

¿Qué utilidad tiene a nivel práctico identificar sus ritmos y fases? Conocer sus estados es útil para interactuar con él a nivel sensorial. El pediatra Brazelton, en su libro "La relación más temprana", habla de estos estados de conciencia. Por ejemplo, en el estado de alerta tranquila, el pequeñín está más receptivo y es más fácil jugar con él. En la fase de alerta inquieta, puedes calmarlo evitando que llegue al desconcertante estado de llanto.

Me hubiera gustado saber estas cosas cuando mis hijos eran bebés. Al principio no hay certezas y te agarras a cualquier cosa que te ayude a manejar la inseguridad de los primeros meses. Bueno, después de todo no lo necesité, ellos fueron mis mejores maestros.

Tu voz, esencial para tu hijo en su etapa prenatal

Resulta asombroso descubrir que incluso antes de nacer, podemos distinguir con toda claridad la voz de nuestra guía, nuestro norte, la voz de nuestra madre. Hoy sabemos que las experiencias auditivas comienzan antes del nacimiento. Allí, intraútero, aprendemos las primeras lecciones del lenguaje. El latido del corazón de la madre es el primer metrónomo para un bebé, la música del alma.

Está demostrado que la experiencia auditiva prenatal juega un papel crítico en el desarrollo del lenguaje. Las principales características de la música como son: el tono, el timbre, la intensidad y el ritmo se encuentran en el lenguaje oral. Esa música tan particular prepara su oído y el niño la escucha, la integra, la aprende y vocaliza.

El bebé prefiere la música clásica a la moderna, la voz humana a la música, la voz de su madre a la de cualquier persona, la voz femenina y sus agudos a la voz grave masculina. Pero por encima de todo prefiere la voz de su madre filtrada con los sonidos de su corazón y sus intestinos. Lo que el bebé ha estado escuchando todos los meses.

Algunos estudios revelan que las preferencias musicales de los humanos se asemejan a la regularidad y ritmo del latido cardiaco. Se encuentra documentado que la entonación del llanto del recién nacido imita las curvas de entonación de su lengua materna. Investigadores de la Universidad de Wurzburgo analizaron los llantos de 60 bebés sanos nacidos en familias que hablaban francés y alemán. Descubrieron que los pequeños franceses lloraban con una "entonación creciente", mientras que los alemanes tenían una "entonación decreciente".

Esto nos lleva a pensar que nuestra voz, nuestras palabras, nuestra lengua, llega con toda precisión a nuestros hijos antes de nacer. Asombroso, realmente asombroso. ¡Cuántas cosas desconocemos del fascinante mundo intrauterino!

El psiquiatra Thomas Verny asegura que el amor que la madre vierte en su hijo, las ideas que tienen sobre él y la comunicación que mantiene con el bebé poseen una influencia determinante sobre él mismo y su futura vida. Verny y otros autores han observado que los bebés tienen preferencia por historias, rimas y poemas escuchados en el vientre materno. Resulta conmovedor saber, según el doctor Henry Truby, que después del 6º mes, el feto se mueve al ritmo del discurso materno.

Si pensabas que el bebé intraútero se hallaba sumergido en un silencioso mundo de tranquilidad y aislamiento, craso error. En el embarazo, tu hijo crece en un universo de estímulos y sonidos (el latido de tu corazón, el flujo sanguíneo, sonidos gástricos, movimientos respiratorios, voces, música, ruido…), un entorno rico en estímulos multisensoriales que modula la personalidad de tu bebé.

La pedagoga Marie Louise Aucher opina que los sonidos que emite la mamá son percibidos por el bebé como vibraciones armónicas y ordenadas que establecen un vínculo afectivo con la madre. Hablar y cantarle a tu hijo es una forma, privilegiada, de establecer una comunicación. Este acercamiento vocal y afectivo que crece mes a mes le permitirá reconocerte nada más nacer. Un recién nacido que escucha la música que oyó prenatalmente come más, duerme mejor y llora menos.

Seguro que todos hemos oído hablar del asombroso efecto de la música en los bebés. Esas canciones, esas nanas que todos hemos cantado a nuestros hijos son más importante de lo que creemos. Las inflexiones de la lengua materna se trasmiten no solo a través del habla, sino también a través del canto. Ya que la voz cantante tiene un rango de frecuencia más rica que el habla. Lo que el bebé aprende en el útero son los patrones de entonación del sonido y las frecuencias de un idioma en su cultura articular.

El doctor Alfred A. Tomatis sugiere que nuestro sentido innato del ritmo procede del latido del corazón de la madre, la respiración y el gorgoteo intestinal, que a su vez configuran el origen de la atracción colectiva que sentimos con el sonido de las olas del mar, el relajante poder del agua.

Todos hemos observado cómo se calma un bebe, como respira más tranquilo cuando sus padres le cantan. El pequeñín abre los ojos como platos, atento, escuchando con todo su cuerpo mientras abren sus manitas, como antenas que captan el ritmo, la melodía. Cantar produce en la madre alegría y bienestar.

En parte somos nuestra voz, la que nos define y nos delata. Una tarjeta de presentación consciente e inconsciente que muestra la temperatura emocional del momento. Cuando utilizas la voz en su forma amplificada, cantada, los sonidos que emites recorren tu columna vertebral llevando la vibración hasta el coxis y la pelvis que amplifica aún más las resonancias y vibraciones que llegan a tu bebé, oscilando por el líquido amniótico.

Resumiendo, tu voz es la melodía más maravillosa y adorable que tu hijo pueda escuchar y recordar. Aprovecha el embarazo para comunicarte con él a través de tu voz, de tus canciones, tus melodías, tus ritmos. Esas cositas que a solas sueles hacer y que son altamente beneficiosas. No necesitas artificios ni hacer compras específicas, solo hablarle y cantar. Así de sencillo, así de vital.

Os dejo una nana de Gloria Fuertes.

Versos de la madre

Cierra los ojitos,
mi niño de nieve.
Si tú no los cierras,
el sueño no viene.

Pájaros dormidos
-el viento los mece-.
Con sueño, tu sueño
sobre ti se extiende.

Arriba, en las nubes,
las estrellas duermen;
y abajo, en el mar,
ya sueñan los peces.

Mi niño travieso,
mi niño no duerme.
Ángel de la guarda,
dime lo que tienes.

Que venga la luna
que a la estrella mece,
que este niño tuyo
lucero parece.

La fuerza del cordón umbilical

Si pudiéramos ver el milagro de una sola flor claramente, toda nuestra vida cambiaría.
Buda

Hoy voy a hablar del cordón umbilical, esa fascinante cuerda milagrosa que nos une a nuestra madre desde el principio del tiempo. El ombligo, un vínculo simbólico y real. Emociona tocar y sentir el latido de un cordón. Sujetar entre las manos esa estructura tubular, gelatinosa, tibiamente trasparente con sus venas y arterias azuladas recorriendo ese sendero que trae la vida, resulta increíble.

Algunas madres se sorprenden cuando pongo al bebé sobre su piel y notan el latido del cordón. El pulso está en las arterias. Dentro del cordón viven dos arterias y una vena. Gracias a la gelatina de Wharton, que lo abraza con rigidez y elasticidad, sus vasos sanguíneos están protegidos. Ese cordón y su marca perenne, el ombligo, constituye el umbral de la eternidad. Un umbral que cambia de forma asombrosa.

En internet podéis encontrar secuencias fotográficas donde se aprecian las observaciones que van desde un cordón grueso, fuerte y coloreado hasta uno más delgado, blanco y laxo. Cambios que se pueden observar en tan solo unos minutos desde que el bebé comienza a respirar.

A veces encuentro a madres angustiadas, padres preocupados porque su ginecólogo le ha comentado que su bebé viene con varias vueltas de cordón al cuello. He asistido partos de bebes que traían cuatro, sí, ¡cuatro! vueltas de cordón al cuello y han salido perfectos.

Los movimientos del bebé intraútero pueden enredar y desenredar el cordón como si fuera un suspiro. Hasta el momento del nacimiento no se puede aventurar el desenlace. Mejor esperar y relajarse, el tiempo y las circunstancias dirán.

La función del cordón es alimentar al pequeño ser. Una vez cortado, éste tardará en caer entre cinco y doce días, mas o menos. El tiempo dependerá del grosor y de los cuidados. Bañando al bebé con frecuencia tardará más que si sólo lo hacemos cada dos o tres días.

Respecto a los cuidados, lo mejor es lavarlo con agua y jabón. La OMS (Organización Mundial de la Salud) recomienda mantener el cordón limpio y seco, sin gasas, vendas, esparadrapo o cualquier tipo de material alrededor que pueda entorpecer el secado. Siempre bajo la vigilancia de los padres y adoptando unas medidas adecuadas de higiene y limpieza.

Por lo general, las madres se quedan más tranquilas cuando se les aconseja algún antiséptico con el que curar el cordón. Y aunque a veces en el hospital recomiendan la aplicación de Clorhexidina o alcohol al 70%, hay que tener cuidado con el alcohol y procurar que la gasa apenas esté húmeda, ya que una gasa muy mojada de alcohol alrededor del ombligo puede causar y ha causado quemaduras periumbilicales.

Se aconseja acudir al Centro de Salud si aparecen algunos de estos síntomas.

➤ Sangrado persistente.
➤ Fiebre, mal olor o secreción amarillenta.
➤ Enrojecimiento o edema (hinchazón) de la piel alrededor del ombligo.

Y en general ante cualquier duda que te pudiera surgir.

La nariz privilegiada de los recién nacidos

Cada vez me asombro más del maravilloso mundo del recién nacido, sus gustos olfativos son tan refinados como fascinantes. Por ejemplo, todos los bebés, incluso los alimentados con leches artificiales, prefieren el olor de la leche materna, aunque no la hayan probado nunca, a la de los sucedáneos. Hasta los prematuros muestran esta conmovedora preferencia.

Curiosamente, los bebés recién nacidos distinguen y prefieren el olor cálido y familiar del líquido amniótico de su madre al de otras madres y lo prefieren a cualquier otro olor. No solo ha estado bañado por ese liquido mágico, sino que también lo ha ingerido, expulsado y formado parte de su árbol respiratorio. Es un olor único. Al principio, su preferencia absoluta engloba el líquido amniótico de su madre. Alrededor del cuarto día, se inclinarán hacia el calostro y posteriormente su delicado gusto optará por la leche materna por encima de cualquier otro olor. Numerosos estudios muestran que los recién nacidos poseen un fuerte sentido del olfato.

Esta inclinación tan marcada por el líquido amniótico, el calostro y la leche humana es pura supervivencia. La familiaridad produce seguridad y ellos más que nadie necesitan esa protección que les garantice la vida. El amparo de su madre. Nada más nacer, un bebé puesto sobre el abdomen de la mujer que lo llevó en su seno repta hasta alcanzar el pecho, el pezón, guiado por el olor que este desprende, comenzando de forma espontánea la lactancia.

El sentido del olfato se encuentra activo desde el nacimiento. El olfato del bebé juega un papel clave en el proceso de vinculación. Cuando un bebé nace, ya conoce, desea y busca el olor de mamá. Se ha demostrado que elige antes un pecho no lavado que otro que haya sido perfumado o limpiado. Ya ves, y nosotras obsesionados con la higiene.

Algunas veces, al pedirle a la madre que se levantara el camisón y se colocara a su hijo en contacto directo con su piel, ella respondía que estaba sudada y prefería darse una ducha y perfumarse antes de acercárselo. Por suerte, y tras mi insistencia, el pequeñín posaba su carita sobre la tibia y olorosa piel de mamá. Hay que recordar que las sensaciones olfativas tienden puentes entre el ambiente intrauterino y extrauterino, ayudando a la maduración cerebral del recién nacido.

Creo que debemos ser más abiertos y flexibles con los instintos básicos, somos mamíferos y nos guiamos por el olor. Los olores salvan, rescatan, evocan y sobre todo enamoran. Pensemos en el suave y dulce olor que posee un bebé.

Las investigaciones muestran que a los pequeñines les encanta el seductor y reconfortante aroma de su madre, en concreto el olor del pelo, el del cuello y el de su pecho. ¿Por qué? Porque son zonas con una gran producción de feromonas, un olor característico y único que posee cada ser humano. Al reconocer el olor de su madre, se sienten seguros y reconfortados sabiendo que están con ella, protegidos, a salvo. Por ello, al coger a su hijo en brazos, este se relaja y duerme con tal placidez y bondad que nos deja a todos encandilados. Y es que los olores poseen esa magia capaz de trasmitirnos las sensaciones más dulces y hermosas jamás vividas.

Hay aromas que les relajan y que poseen un efecto tranquilizador sobre ellos, como son la vainilla, el jazmín y la lavanda.

Se cree que el uso de fragancias o perfumes fuertes por parte de los adultos que los atienden dificultan una de las más potentes vías de vinculación afectiva, como es el olor y el reconocimiento emocional de esa sinfonía de esencias insustituibles que posee cada persona.

En resumen, los recién nacidos prefieren e identifican con asombrosa precisión los olores familiares, naturales, sin artificio, que le protegen y garantizan su supervivencia. A través de su madre inicia su memoria olfativa y con ella un vínculo afectivo que quedará grabado para el resto de sus días. Lo dicho, una nariz privilegiada.

Allan Schore

La relación de apego entre la madre y el hijo le da forma, moldea el lado derecho del cerebro del bebé.

Son conclusiones a las que ha llegado el doctor Allan Schore, profesor del departamento de Psiquiatría y ciencias bio-conductuales de la universidad de UCLA (California, Estados Unidos).

Este hombre de rostro amable y sonrisa acogedora es todo un pionero en el área de la regulación afectiva. La Asociación Psicoanalítica Americana lo describe como "una figura monumental en los estudios psicoanalíticos y neuropsicoanalítico".

Hemos descubierto que el desarrollo temprano del cerebro, en el embarazo como después del nacimiento, tiene efectos en lo que sucede después, no solo en términos de bienestar emocional, sino también en lo referente al desarrollo de desórdenes psiquiátricos. Durante el primer año de vida no hay comunicación verbal: todo es emocional.

Sabemos que el lado izquierdo, que regula el habla, no entra en funcionamiento hasta el segundo año de vida, en cambio, todo lo referente al apego se desarrolla el primer año desde el hemisferio derecho.

Es el que permite llegar a casa, mirar a los ojos al otro y saber que algo anda mal. Las expresiones faciales, las sonrisas, la tristeza, el tono de voz. Allí está la habilidad de entender el estado emocional, lo que pasa por la mente o las motivaciones que tiene la otra persona. El punto más importante en este sentido es la comunicación no verbal, de cerebro derecho a cerebro derecho, que se da entre la madre y el niño. Al mismo tiempo que esto ocurre, el cerebro del bebé está doblando su tamaño, y en esto incide el apego.

Esta eminencia ha pasado 20 años estudiando la integración de la biología y la psicología. Sus contribuciones aparecen en múltiples disciplinas, incluyendo la neurociencia del desarrollo, la psiquiatría, el psicoanálisis, la psicología del desarrollo, la teoría del apego, los estudios de trauma, la biología del comportamiento, psicología clínica y el trabajo social clínico.

Le llaman el "Bowlby americano" por su innovadora integración de la neurociencia con la teoría del apego. Actualmente se le considera una autoridad mundial en el estudio de cómo nuestro hemisferio derecho regula las emociones y procesa nuestro sentido del yo. Este señor afirma que la madre es fundamental en la comunicación emocional de los primeros meses de vida.

El niño necesita ver la expresión exagerada de las emociones de su madre. Los gestos de su cara, el tono y la melodía de su voz en el contacto físico con su hijo. Si el niño está molesto, se siente irritado o tiene miedo, la madre lo calma. Pero también es capaz de exaltar, reforzar las emociones positivas del niño cuando juega con él, de esta forma aprende, disfruta y se entusiasma.

Qué asombrosa es la madre naturaleza. Por eso somos tan dependientes de nuestra madre en los primeros meses. Nuestra respuesta emocional depende de la interrelación que hayamos tenido con nuestra madre durante el primer año de vida. Increíble. Para el doctor Schore, es esencial mostrar el afecto abiertamente. Si no lo hacemos, nuestros hijos recibirán una pobre demostración de lo que sentimos y repercutirá en su desarrollo posterior.

Cuando el niño sea grande, se sentirá incómodo y no expresará abiertamente sus emociones. Se inclinará a usar más su cerebro izquierdo y no el derecho, suprimiendo toda expresión afectiva y sintiéndose incómodo cuando alguien se acerca mucho o evitando momentos de intimidad.

¿Y el padre? El primer año es fundamental la figura materna, ella lo calma. Es a partir del segundo año cuando aumentan los lazos con el padre, que le enseña a explorar, creando un vínculo más enérgico.

Hoy tenemos evidencia de que la madre realmente da forma al lado derecho del cerebro, pero el padre también incide. Y es más que un efecto psicológico: el crecimiento del cerebro está influido por esas relaciones.

En resumen, estos hallazgos hablan de la importancia, una vez más, de los afectos y sobre todo, la expresión de los mismos. Y es que todos esos besos, achuchones y palabras que le decimos a nuestros hijos son más que necesarios. ¡Imprescindibles! Imprescindibles para hacer seres grandes capaces de amar y ser amados. Ahí es nada. Gracias, Allan Schore.

Abrazos, beneficios para todos.

Para que un ser humano sea realmente independiente, debe haber sido primero un bebé dependiente.
Eduardo Punset

Reconozcámoslo, nos encanta achuchar a nuestros bebés, comérnoslos a besos, apretarlos, abrazarlos. Nos da igual los beneficios que tengan, para ellos o para nosotros, lo que queremos es sentir a nuestros pequeños, sentir esa sensación que te trasporta al olimpo de los dioses. El mundo privilegiado donde todo es armonía y bondad. Cuando se tiene a un hijo en brazos el cielo parece más cercano.

Los bebes están diseñados para enternecer a los adultos: sus ojos grandes, su cara redonda, su delicada piel, su entrega, su indefensión, su confianza ciega en la persona que le cuida, su inocencia despiertan en todas las personas el deseo de protegerlos, atenderlos.

A nivel físico, nos encontramos con una constelación de estrellas de efectos asombrosos: los abrazos regulan la temperatura corporal y sus patrones respiratorios, favorecen el crecimiento y aumento de peso, estabilizan el ritmo cardíaco, mejoran los niveles de oxígeno, facilitan la digestión y producen un efecto tranquilizador.

Un recién nacido dispone de receptores del tacto en su piel, receptores a la presión, dolor, cambios de temperatura, vibración. Cuando una madre toma a su hijo en brazos, el pequeño siente esa presión agradable, cariñosa, firme, y se relaja. Los padres suelen coger a sus hijos con más vigor que la madre y a ellos les encanta, no hay más que ver la cara de felicidad del pequeño.

La doctora Phyllis K. Davis refiere que "la estimulación táctil del bebé aumenta su habilidad general y su capacidad de aprendizaje. Los abrazos favorecen el desarrollo intelectual del pequeño gracias a la estimulación sensorial que reciben".

Con un abrazo el mundo entero se arrodilla. Para un niño, recibir un abrazo es sentirse a salvo, protegido, acunarse el universo con los suyos. Un gesto tranquilizador, terapéutico, que calma al niño más inquieto e irritado. Y es que la fuerza de un abrazo tiene un poder milagroso y curativo y no es sólo una frase. Estos dos ejemplos ilustran la fuerza del cariño.

➢ Tras el parto de Jamie, un bebé prematuro de 27 semanas, que daban por muerto, su madre mantuvo al pequeño al pecho para despedirse de él, acariciándole y hablándole. Tras dos horas, pegado piel con piel, el bebé comenzó a respirar, abrió los ojos y agarró el dedo de su madre.

➢ Dos gemelas prematuras se hallaban en incubadoras independientes. Una de ella se encontraba más débil y sin esperanzas de sobrevivir. Gracias a una enfermera que tuvo la brillante idea de juntar a las dos en una misma incubadora, logró salir adelante con el abrazo que su hermana le brindó. Aquella fotografía dio la vuelta al mundo entero.

A nivel emocional, los abrazos fortalecen la seguridad del niño, forjan su personalidad, desarrollan la empatía y favorecen la estimulación sensorial al ver el mundo desde arriba, en brazos. Refuerzan el desarrollo de vínculos familiares, especialmente para el padre que a través de ellos experimenta esa cercanía y unión con su hijo.

Hay que tener en cuenta que el bebé aprende a autorregularse gracias a la relación afectiva y permanente con su madre, con su padre, sus cuidadores. Esta atención conlleva abrazos, besos, achuchones.

Los brazos le relajan, le calman, inducen al sueño y el descanso. Si a todo ello sumamos el inmenso afecto y ternura que nos brindan, las ventajas son infinitas.

Razones para no bañar al bebé las primeras 24 horas de vida

Habían pasado doce horas desde que el pequeño Pedro vino al mundo. Una mujer con un moño negro y labios rojos no cesaba de protestar porque aún no habían bañado a su nieto. A pesar de haber informado, a toda la familia, sobre las ventajas de no bañar al pequeño durante las primeras veinticuatro horas, ella insistía una y otra vez. Da igual lo que dijéramos, aquella práctica moderna le parecía una guarrada. Cualquier razonamiento que no coincidiera con sus creencias no entraría en su cabeza.

Posponer el primer baño del recién nacido es una de las medidas que se lleva a cabo dentro de los cuidados del bebé. Desde el año 2004, la OMS (Organización Mundial de la Salud) recomienda retrasar el baño del recién nacido hasta pasadas las primeras 24 horas de vida.

El baño lava el manto protector natural de la piel del recién nacido. Esta barrera protectora es rica en emolientes, proteínas y antimicrobianos. Al lavarlo exponemos su piel a la colonización de microorganismos hospitalarios. Se recomienda preservar el vérnix gaseoso o unto sebáceo. Ese material graso blanquecino que cubre el cuerpo, dorso, cuero cabelludo y pliegues es un regalo de la naturaleza.

La piel de un bebé tan suave y apacible es también la más sensible y vulnerable. Por ello se recomienda retrasar su primer baño. No existen razones médicas para bañar a un bebé en las primeras horas.

Aquí os dejo una serie de razones para posponer su primer baño.

➢ Evita dañar su delicada piel. La piel del recién nacido es 40 a 60% más delgada que la de un adulto. Un recién nacido es más susceptible a infecciones, irritaciones de la piel y pérdida de agua.

➢ Los niños no nacen sucios. Se pueden limpiar las partes de su cuerpo manchadas de sangre u otra sustancia.

➢ Previene la hipotermia neonatal o disminución de la temperatura corporal tras el baño. El pecho de la madre posee la capacidad de enfriar o calentar la piel de su hijo, regulándola de forma adecuada y eficaz.

➢ Tener el orgullo y la satisfacción de ser tú, tú pareja o alguien cercano quien le deis su primer baño.

➢ Ayudar a que el pequeño se sienta protegido. En el hospital se lava, no se baña y ese lavado con ducha es lo menos parecido a un relajante, tranquilo y placentero baño.

➢ Mantiene el balance hídrico de la piel, permitiendo una colonización bacteriana de la flora normal.

En resumen, durante las primeras horas podéis frotar suavemente el vérnix para que se absorba de forma natural. Algunos autores hablan de posponer el baño hasta la caída del cordón umbilical, limpiarlo con esponja y sobre todo, bañar al bebé tres veces a la semana durante su primer año.

Esta obsesiva manía que tenemos de mantener una higiene escrupulosa está relacionada con la aparición temprana de alergias. Puede que los niños con tendencia a la dermatitis la desarrollen por un lavado exagerado.

Marcel Íbero, doctor y presidente de la Sociedad Española de Inmunología Clínica y Alergia Pediátrica, apunta que "en un ambiente de asepsia, con ausencia de gérmenes, rodeados de una higiene excesiva, con tanta esterilización como hay, vacunados de todo y sin riesgo de infecciones, se provoca que su sistema inmunológico no active el mecanismo de defensa, sino que se favorezcan las alergias".

El llanto

Estoy convencida de que no hay nada tan turbador y desconcertante como el llanto de un bebé. Te atraviesa, te pone de los nervios, te descoloca. Ese sonido conlleva un poderoso significado; es una llamada de atención de un ser vivo dependiente al cien por cien de un humano adulto. Sin embargo, nada más nacer, las madres anhelan escucharlo y hasta que no lo oyen, a pesar de explicarles que está perfectamente bien, no respiran tranquilas.

Pasado ese tiempo inicial, escuchar a una criatura indefensa, especialmente los padres, provoca un sentimiento de angustia y desconcierto difícil de manejar. Mariano Chóliz, investigador de la universidad de Valencia afirma: "El llanto es la principal forma que tienen los bebés de comunicar las emociones negativas y, en la mayor parte de los casos, la única manera que tienen de expresarlas".

Reconocer el tipo de llanto conlleva cierta práctica y como suele pasar, el saber lo da la experiencia. El instinto también ayuda. Se suele hablar de cuatro tipos de llanto: hambre, irritabilidad, dolor y llanto anormal.

Según los investigadores, hay una serie de gestos faciales que ayudan a descifrar las causas del llanto del bebé. Lloran con los ojos abiertos cuando sienten miedo o enfado y con los ojos cerrados cuando sienten dolor. El llanto de hambre suele ser corto, con un tono bajo que sube y disminuye de intensidad. Por el contrario, el de rabia suele más constante y monótono. El grito de dolor o malestar aparece de repente, en tono alto, de larga duración y agudo, seguido de una larga pausa y un gemido.

Según la revista Spanish Journal of Psychology, *Cuando están enfadados, la mayoría de los bebés mantienen los ojos medio cerrados, con una mirada aparentemente sin dirección o, por el contrario, fija. En el caso del miedo, los ojos permanecen abiertos casi todo el tiempo, incluso a veces las criaturas tienen una mirada escrutadora y mueven la cabeza hacia atrás, y el llanto aparece de forma explosiva. Por último, el dolor se manifiesta con los ojos cerrados casi todo el tiempo, y en los pocos momentos en los que están abiertos, la abertura es mínima y distante de la mirada.*

Cuando algo les duele, existe un alto grado de tensión en la zona ocular y el ceño se encuentra fruncido. En lo que se refiere a la dinámica del llanto, tanto los gestos como la intensidad del lloro se van incrementando gradualmente si se debe a un enfado, mientras que aparecen en su máxima intensidad desde el primer momento en el caso del dolor y del miedo.

Así descritos parecen fáciles de interpretar. Nada más lejos de la realidad. Solo después de haberlos escuchado muchas veces puedes llegar a distinguir de qué se trata. El tiempo, como siempre, será tu mejor maestro.

¿Qué puedes hacer?

➤ Mantener la calma. Ellos se autorregulan a través de nuestro estado emocional. Si nos sentimos cansadas e irritadas será más difícil calmarlos.

➤ No tomártelo como algo personal. Sé lo desmoralizador que resulta ver a tu hijo calmarse en otros brazos que no sean los tuyos. Los recién nacidos a veces lloran sin causa aparente, forma parte de la adaptación a la vida extrauterina.

Incluso se habla de que la causa del llanto se debe a un mecanismo de selección natural: En la Universidad de

Harvard creen que los bebés se despiertan y lloran por la noche para retrasar el nacimiento de un hermano. La competencia fraternal incrementa el riesgo de mortalidad. Una especie de estrategia biológica de supervivencia.

Un estudio publicado en la revista Evolution, medicine and public health, afirma que un bebé llora de madrugada, instintivamente, para succionar el pecho de su madre y mantener la lactancia. La lactancia materna actúa como anticonceptivo y retrasa el nacimiento de un hermano con el que repartirse los cuidados y las atenciones de los progenitores. ¡Asombroso!

Respira tranquila, aprenderás a interpretar el llanto de tu hijo con una precisión asombrosa. Tú misma te sorprenderás.

Los bebés entienden la música, la voz humana

La música es amor buscando palabras.
Lawrence Durrell

Existe una capacidad innata para percibir patrones auditivos y por extraño que pueda parecer, los bebés entienden la música con una asombrosa maestría. Al nacer, los humanos contamos con unas dotes auditivas excelentes, adquiridas en el vientre materno. El oído es el primer sentido que se desarrolla, intraútero. Numerosos estudios muestran que los bebés reconocen el tono, la melodía y el ritmo incluso mejor que los adultos.

Pensar en un pequeñín, en vuestro hijo, sobrino, nieto, conocido y cómo se queda fascinado mirando a su madre cuando ésta habla solo para él y no digamos cómo se embelesa si la escucha cantar. Los bebés necesitan y agradecen la musicalidad que usan las personas que los cuidan, que los aman. Cuando una mujer habla a su hijo, emplea un tono particular, propio, que solo lo usa para él o para ella. Un tono muy diferente al que acostumbra a hablar con otras personas.

¿Por qué lo hace? Para conectar con su retoño de forma instintiva. Es una conducta universal que se observa en todos los pueblos y culturas. Una especie de conexión emocional que durará toda una vida. Esas melodías exageradas, esas subidas y bajadas de tono, ese enlentecimiento vocal, ese *cuchi cuchi, cosita linda, gu, agugugua...* les encanta a los bebés. Un concierto de arrullos y tempos diversos que estimulan y crean lazos emocionales con los padres.

Según Sandra Trehub, psicóloga y directora del Programa de Aprendizaje Humano de la Universidad de Toronto, en Canadá, las madres occidentales o de zonas urbanas se dirigen a sus hijos haciéndoles preguntas. *¿Cómo está mi niño?, ¿nos vamos a pasear?, ¿y mi niña, tiene hambre?* Son frases que permiten modular la tonalidad y conectar con el pequeño que, embobado, no deja de mirar a la madre con los ojos como platos.

Se ha visto que la voz de una madre es distinta cuando canta para su hijo. La mujer canta de forma más lenta, más entonada, más en calma. Afinan mejor cuando cantan para ellos.

Te animo a interactuar con tu bebé, mediante ese instrumento único, exclusivo y poderoso que es tu voz. Tararear, cantar, declamar, silbar, todas estas acciones son altamente beneficiosas para él, como estímulos externos y mecanismos de regulación emocional.

Recordad cómo se calma a los bebés. Los acunamos mediante sonidos, canciones, arrullos y palabras. Una sinfonía de gestos protectores, sin importarnos si lo hacemos bien. Esas nanas amorosas, esas canciones infantiles, esas melodías alegres son un regalo para tu hijo. Para tu hijo eres la mejor, la mejor cantante del mundo. Y además es cierto, porque cuando cantas para ese pequeño milagro, pones tu pasión y cariño en ello. Ninguna cantante del mundo lo podrá igualar.

Además, cuando cantamos nos sentimos alegres. Padres y madres, aprovechad vuestro selecto y amado auditorio, decirles *cuchi cuchi* y, sobre todo, cantadles.

La mirada de un recién nacido

Reconozcámoslo, la primera mirada de un recién nacido es algo mágico, conmovedor, milagroso. El infinito late en los ojos de un recién nacido en sus primeros minutos de vida. Es algo indescriptible. Observadlo, ser testigo de ese prodigio es todo un regalo.

A pesar de haberlo visto miles de veces, me sigue provocando la misma ternura y asombro que al resto de compañeros. Todos los que trabajamos en un paritorio lo sabemos, nos sobrecoge y nos maravilla como la salida del sol. "Cuando un bebé mira a su madre, mira a una madre que le mira", frase de Serge Lebovici, pionero en psiquiatría infantil, que acuñó para describir el intercambio emocional de la madre con su hijo.

Un bebé mira a quien lo mira con una intensidad y fijeza tal que fascina a aquel que lo ve. Esos ojos claros o gris azulado que observan embelesados son el centro de atención de todos.

Frases como: *si parece que está mirando, tiene los ojos abiertos,* y *parece que mira*, son expresadas por el padre o la abuela de la criatura. La madre, sin embargo, no parece sorprenderse. En silencio, lo sostiene lo abraza, lo siente, se enlaza con su mirada. Ella lo conoce, sabe muchas cosas de él, no precisa palabras, los dos forman una unidad.

Recién llegado al mundo, sus ojos abiertos como platos establecen contacto visual a una distancia más o menos de 25 cm. La distancia que media entre el pecho y los ojos de su madre. En sus primeros momentos de vida, el bebé recibe una importante descarga de adrenalina que lo mantiene en estado de alerta y activa sus sentidos, mostrándose especialmente receptivo. Por el olor y el color más oscuro de la areola del pezón, el recién nacido es capaz de reconocer el pecho de su madre y dirigirse, reptando espontáneamente a realizar su primera toma.

Durante un par de horas, permanece alerta, el tiempo necesario para agarrar el pecho y contactar por fuera con esa piel que él ha vivido por dentro, percibir el fantástico ritmo del corazón de quien lo transportaba y, por fin, oír la voz que siempre escuchó atenuada a través del líquido amniótico.

A los ojos de su madre es donde dirige su primera mirada. Es el periodo de alerta tranquila, con la mirada brillante, escasos movimientos y la atención puesta en la fuente de estímulos. Después de esas dos horas, los bebés duermen, caen en un sueño profundo que suele durar entre 4 y 10 horas. Es un sueño reparador, necesario para recuperarse del estrés del parto, del cambio que supone la vida extrauterina. Esas primeras horas en contacto piel con piel con su madre son lo más parecido al útero materno.

Podemos afirmar varias características de los ojos de un recién nacido:

➢ Reacciona a estímulos luminosos y es capaz de seguir un objeto cercano (20-30 cm) con la mirada.

➢ Detecta los colores brillantes, en especial el rojo.

➢ Ve muy bien a un palmo, palmo y medio de distancia, la distancia que existe desde el bebé cuando está mamando hasta la cara de su madre.

➢ Distingue entre la luz y la oscuridad.

➢ Prefieren las imágenes redondeadas, como los rostros humanos, a las formas geométricas.

➢ Si los miramos, fijan su mirada en la nuestra.

➢ Pueden imitar nuestra expresión facial.

➢ Le atrae el contraste areola-seno.

➢ Le gustan los rostros sonrientes.

Esas miradas que una madre o un padre intercambian con sus hijos recién nacidos son necesarias. Se ha descrito que los padres que cambian miradas con el bebé en el posparto inmediato, las dos primeras horas de vida, son mejor reconocidos por el bebé al cabo de un mes.

Ya lo decía Shakespeare: "Las palabras están llenas de falsedad o de arte; la mirada es el lenguaje del corazón".

Bebés prematuros, asombro y desconcierto

Hace años se pensaba que no convenía encariñarse con los niños nacidos antes de tiempo, por si no sobrevivían. Hoy se sabe que el cariño de los padres les ayuda a seguir adelante.
Dra Ivone Olza

El nacimiento de un bebé prematuro es algo desconcertante para todos, para el equipo que la atiende y sobre todo, para los padres. Aparece de forma inesperada, como una granizada en verano. Este "antes de tiempo" deja a los padres desprotegidos, a la intemperie de unas emociones y sentimientos difíciles de aceptar.

¿Qué ha pasado? ¿Cómo ha podido ocurrir? ¿Qué hemos hecho mal? Una larga constelación de preguntas se va hilvanando con dolorosa cadencia en ese universo idílico que se les ha venido abajo. Ver a unos padres junto a su hijo prematuro es algo indescriptible. Desolados, perdidos, confundidos, como si de pronto se sintieran en otro mundo, en otro planeta y no supieran qué decir, qué sentir, qué pensar. Es una escena desoladora. De pronto un viento helado entra en sus vidas congelando sus sueños, sus fantasías y la construcción personal del nuevo rol.

En el aire, una interrogación los abraza por sorpresa. Tumbada en la cama o en la mesa de partos, la madre lo ve desde lejos, tras el desenlace. El padre, a pocos metros de la cuna térmica donde los pediatras reaniman al pequeño ser, tiembla. Aprieta los labios mientras sujeta unas lágrimas ásperas que desbordan su realidad. Incrédulo, se lleva la mano a la boca, desconcertado ante su hijo, ese diminuto bebé que no se atreve ni a mirar.

La presencia del bebé es inmensa. Un arco iris en el cielo de la vida que refleja lo que somos, seres tremendamente frágiles. Cuando los veo así tan diminutos, tan vulnerables, tan tibios, tan luchadores, tan inquietos por vivir, pienso que son los seres que mejor definen la fuerza de la fragilidad.

Para los padres y la familia, es una tremenda crisis emocional. Experimentan reacciones de duelo, tristeza, pérdida de apetito, alteraciones del sueño, rabia, culpa y desesperanza. Un vaivén de emociones por el que transitan asustados. El rechazo, la culpa, el miedo se instala en su alma como una cigüeña en un campanario.

La madre es la que más sufre, sin lugar a duda. El sentimiento de culpabilidad es terrible, devastador. De pronto, repasa el pasado como un detective buscando pistas; conductas, comidas, paseos, actividad sexual, pensamientos, lo que sea, algo que ayude a comprender dónde estuvo el error. A todo ello hay que añadir una tristeza infinita. La que sienten al no querer encariñarse con su diminuto hijo por si no sobrevive. Creen, erróneamente, que el dolor será menor. *¿Qué hago? Y si sobrevive, ¿cómo podré cuidar a un ser tan frágil?,* se pregunta la madre, mientras observa ese milagro que no sabe cómo vivirá.

Ella experimenta una doble crisis. Por un lado, atraviesa la crisis vital que supone la maternidad y por otro, la crisis circunstancial de la separación e ingreso hospitalario de su bebé. Todo ello conlleva una disminución de la autoconfianza y autoestima de la mujer, junto con sentimientos de ansiedad, fracaso, decepción, impotencia, miedo, frustración y envidia.

Los padres atraviesan diversas etapas. La primera es de conmoción o choque, se encuentran con una gran desorganización. La segunda es de negación, tienen miedo a saber, la realidad resulta asfixiante, después aparece una etapa de trueque en la cual se da un acercamiento a la religión, con reacciones comunes como son; la tristeza, la ira, la culpa o la ansiedad. La cuarta etapa es de aceptación, mayor contacto con la realidad y la elaboración del duelo por el hijo imaginado y reconocer el hijo real. Y la quinta es de reorganización o equilibrio, Boullosa Frías, 2004.

Dale tiempo al tiempo, los milagros existen, puedo asegurarlo. Mientras, te dejo algunas sugerencias. Cuidaros, cuídate.

> Descansa y evita pensar en desastres.

> Acepta esos sentimientos tan extraños y desconcertantes que vives. Los experimentan todos los padres de prematuros, forman parte del proceso de adaptación y crecimiento personal.

> Ignora la palabra "culpa". Son cosas que pasan, no se pueden prever. Lo que hiciste o dejaste de hacer no tiene que ver con lo sucedido.

> Busca a personas, asociaciones, que hayan pasado o estén pasando por ello. Apóyate en ellos. Pide ayuda, consejo, orientación. No estás sola.

> Pregunta todo lo que necesites saber a los profesionales que cuidan de tu bebé; pediatras, enfermeras, auxiliares. Todas tus dudas son comprensibles, normales, necesarias. No te quedes con nada dentro.

> Mientras esté vivo, la esperanza es tu seña de identidad. Aférrate a ella como un náufrago a su barca. Conecta con tu hijo, tócalo, acarícialo, bésalo, siéntelo cerca, háblale y si lo necesitas, reza.

Terry Brazelton y la personalidad de los bebés

Un recién nacido ya tiene nueve meses de experiencia cuando nace.
T. Brazelton

Considerado como el padre de la neonatología, este encantador pediatra nonagenario desarrolló en 1973 la escala de Evaluación del Comportamiento neonatal. Todo un descubrimiento y todo un hito en aquella época en la que se consideraban a los recién nacidos casi no personas, arcilla modelable sin identidad propia.

Con su aspecto bondadoso y cercano, este hombre cuenta que decidió hacerse pediatra en la infancia. "Decidí serlo a los ocho años; después de haber cuidado a mis primitos unos días y haber deseado con todas mis fuerzas meterme en sus cabecitas para entenderlos".

Con mucho entusiasmo y tesón, obtuvo un instrumento que valora la calidad de respuesta del bebé a los estímulos, es decir, la respuesta social. Su escala cuenta con patrones visuales, motores y auditivos, pudiéndose aplicar en estados de sueño y de vigilia. Hoy se sabe que un recién nacido muestra seis estados de conciencia: sueño profundo, sueño ligero, adormecido, alerta calma, vigilia inquieta y llanto vigoroso.

La escala es una prueba conductual y neurológica que mide la respuesta de los neonatos a su medio ambiente. Principalmente se utiliza en recién nacidos a término hasta el 2° mes de vida. Su técnica de evaluación interactiva ha ayudado a miles de padres a descubrir las capacidades y componentes de la conducta de sus hijos en los primeros meses de vida.

Evalúa cuatro dimensiones de la conducta: conducta motriz, control fisiológico o habilidad para calmarse, conducta recíproca o interactiva y respuesta al estrés. Durante años, el profesor Brazelton combinó la pediatría con la antropología cultural, estudiando a madres y bebés mexicanos, africanas y japonesas. Reveló que desde el seno materno ya se comportan como indios, africanos o japoneses.

Los bebés mexicanos eran plácidos y tranquilos, como sus madres, y en las islas Goto, junto a Japón, la embarazada estaba tan bien atendida por su entorno social que su grado de relajación era máximo. El resultado es que cuando hacía allí mis pruebas a los recién nacidos, ¡mantenían la atención 30 minutos! En cambio, los bebés de Tokio la mantenían 18 minutos, y los estadounidenses, 12.

Las madres africanas en el embarazo educan su psicomotricidad –saltan, cantan y bailan– y después toda su cultura está enfocada a mejorarla: los zarandean; mueven; y hacen correr... Y caminan antes. Pura expresión corporal. Lo comprobé con los Gussi de Kenia.

Este pediatra puso al bebé en el centro del universo de la ciencia del desarrollo infantil, a la vez que revolucionó la forma en la que pensamos, entendemos y estudiamos a los bebés y los niños.

Todo un personaje que ha extendido como un manto de flores por todo el mundo el universo complejo de los bebés. Conocido como el pediatra más popular de EEUU, fue un gran divulgador en programas televisivos y organizó grupos de apoyos en lugares socialmente desfavorecidos. Los conocimientos sobre el comportamiento infantil y la empatía por las preocupaciones de los padres le han valido el respeto y la gratitud de generaciones de padres e hijos.

A lo largo de su larga vida, tras muchas "risitas", ha podido demostrar que la personalidad de los pequeños influye poderosamente en los padres y viceversa. Inclusive en su vida intrauterina los niños manifiestan el temperamento que mostrarán después del nacimiento. De hecho, cuando nacen ya tienen nueve meses en los cuales han ido conformando su pequeño carácter. Gracias a él y a su escala, los padres aprenden a interaccionar con sus hijos de acuerdo con el carácter de cada uno, respondiendo a sus demandas.

Junto a Heidelise Als, Brazelton fue pionero en el mundo del cuidado del bebé prematuro a través de su programa NIDCAP (programa de evaluación y cuidado del desarrollo individualizado neonatal).

Con su mirada de terciopelo y arena, este señor mostró al mundo entero que es posible dibujar un primer esbozo de los rasgos temperamentales de un recién nacido. El lenguaje no verbal. Gracias, Doctor Brazelton.

Leerles a los niños por la noche, responder a sus sonrisas con una sonrisa, devolverles sus vocalizaciones con una propia, tocarlos, sostenerlos: todo esto fomenta el desarrollo cerebral y el potencial futuro de un niño, incluso en los primeros meses.

T. Brazelton

LACTANCIA

Amamantar con prótesis. El mundo de Sofía

Lo único que existe es lo que nosotros percibimos.
Jostein Gaarder

Este es el relato novelado que una alumna de matrona contó en la pausa del café de un congreso:

Era mi última semana como alumna. En el parto, nada más salir su hijo, su primer hijo, ella rechazó que se lo pusiera encima. Se molestó, no lo esperaba. Le hablé de las ventajas del piel con piel, de la necesidad del bebé de tocarla, olerla, sentir su calor… nada. Parecía no escuchar. Tenía la mano cogida de su esposo y la mirada en el techo. Dijo que olía a sudor, que estaba agotada, que necesitaba descansar. Siguió hablando, mejor dicho, quejándose del camisón húmedo, el dolor en la pierna… Tomé al pequeño Marcos y lo puse en la cuna. Mientras tanto yo andaba pensando en las cosas que le iba a contar cuando estuviera en la habitación: lactancia materna, colecho, piel con piel… ya sabéis, esas cosas, cuando la madre preguntó por las pastillas para retirar la leche. No iba a darle el pecho. El marido se limpió las gafas con el pico de la camisa y carraspeó. La matrona abrió la puerta y se fue, un olor a lejía entró en la sala. Nos quedamos los cuatro, el padre, la madre, Marcos y yo.

¿Por qué no iba a darle el pecho? Dejé la pregunta en mis labios y terminé. Media hora después volvía a verla en la habitación. Menuda escena. Pronto caería la noche, una luz mortecina se deslizaba por el gran ventanal. El bebé en la cuna, el marido sentado en un sillón y ella hablando con el móvil. Una imagen triste. Me acerqué al padre, puse a su hijo en sus brazos y le conté la retahíla de cosas que iba a contar a la madre.

Al rato ella dejó el móvil y pidió un biberón. Llevaba prótesis mamarias, eso era todo. ¿Cuántas veces le dije que podría amamantar? Quizás me pasé. Bueno, debía de hacerlo.

Mira que intenté comprenderla, pero no pude. Ella no iba a dar lactancia materna porque llevaba prótesis. Sabía que podía amamantar, pero no quiso correr riesgos. Le entregué la dirección de la web de la asociación española de pediatría, y nada. También le hablé de las ventajas, inmensas como el cielo, de la leche materna. Hasta me puse poética. ¿Cuál era el problema? Gastó mucho dinero en las prótesis y no estaba dispuesta a tirarlo por la borda si algo saliera mal. Ella habló de romperse, de que se desplazaran…, cosas de esas.

Qué pena, ¿no? El respeto a las decisiones de las mujeres por encima de todo, lo sé, ya lo he escuchado; pero ¿y el bebé? Antes de irse me dijo que la leche artificial es muy completa. *Ya*, contesté. Esa frase la sé de memoria; puede que la lactancia artificial sea una buena opción para ti, pero no es la mejor para tu bebé, pensé mientras me fijaba en las manchas de tierra que había en la ventana.

Recuerdo salir de aquella habitación molesta, con una tibia sensación de derrota para volver con un biberón en las manos. Se lo entregué al padre y le mostré cómo hacerlo. El hombre, inquieto, temblaba como un flan. Cuando el bebé empezó con el biberón, el padre sonreía como si hubiera logrado la mayor hazaña de su vida.

Dejé sus papeles sobre la mesa, junto al ordenador, convencida de que debía insistir. Cuando terminé de registrar el parto me dije: *mejor no. Deja las cosas como están.* He aprendido la lección, si la madre dice no, es no y punto. ¿De qué sirven las palabras hilvanadas con datos, evidencias, referencias, si todas caen al suelo, una tras otra?

Pero seguía intranquila, no aceptaba esa derrota y me puse a imprimir enlaces de web sobre prótesis mamaria y lactancia. Información variada. Cuando le llevé el folio, en un último intento le pedí que al menos, cuando diera el biberón a su hijo, lo hiciera piel con piel. Dar el biberón como si fuera el pecho. El padre dobló el folio con la información dándome las gracias, mientras la madre asentía con la cabeza, mirando a Marcos acostado en la cuna térmica bajo el calor artificial.

Lactar en Público. ¡Cúbrase! Esas cosas se hacen en privado

Es propio de aquellos con mentes estrechas, embestir contra todo aquello que no les cabe en la cabeza.
Antonio Machado

¿Cuántas veces se han escuchado expresiones de este tipo? Y otras del calibre: *busque un servicio para ello, ofende a los clientes, váyase a una zona tranquila y privada, entre en los espacios adecuados, este es un lugar público, un poco de respeto, es una grosería, debería hacerlo antes de salir de casa…*

Amenazas, intimidación, críticas a la mujer-madre. Me pregunto: ¿en qué están pensado realmente aquellos que condenan este gesto natural? No son palabras de buena fe.

Cuántas de esas frases afiladas son lanzadas de forma constante a la madre. Estamos en el siglo XXI, en el mundo supercivilizado, mega informatizado, occidental y en ocasiones patético. Lactar en espacios públicos debería estar normalizado. En culturas menos desarrolladas, el seno femenino es símbolo de maternidad, esa es su principal función. Y si precisa, se muestra en el acto de amamantar.

Claro que aquí es diferente. El pecho es un símbolo erótico, deseable, vendible. La cosa cambia cuando se muestra como contenedor de alimento para un tierno bebé. Resulta curioso o sospechoso, que algunas gentes se escandalicen de un trocito de piel y no de los escotes de vértigo a pocos milímetros de la areola de algunas famosas. Es cuestión de centímetros. El tamaño sí importa, la cantidad de piel mostrada es lo relevante. Seguro. Para ello se venden esos pañuelos cubre senos o gorritos enormes para bebes que tapen el objeto del escándalo. ¿Escándalo? Para algunas gentes sí.

En EEUU, 45 de los 50 estados cuentan con leyes que defienden el derecho de la madre a amamantar en público. A nivel internacional, todos los países que firmaron la Declaración de Innocenti, España también, deberían contar con leyes que protejan a las madres que decidan amamantar, en público o en privado. Pero aquí hay un tremendo vacío legal. Aunque quizás, lo menos relevante no sea la legalidad, si no la triste realidad de tener que defender lo obvio. Una niebla se instala sobre la mente de estas mujeres que el mundo confunde. Potenciamos la Lactancia materna pero no se le ayuda.

Ninguna mujer amamanta en público para provocar o levantar pasiones. Lo hace como demanda a la necesidad del hijo. La necesidad vital y básica de alimentarse de todo ser vivo. Ninguna madre desea sentir miradas de condena, sonrisas veladas o escuchar palabras de reproche como si fueran indeseables. De hecho, muchas de ellas reclaman lugares acogedores, tranquilos, limpios, relajantes para ello y no encerrarlas en un aseo como si fuera algo vergonzoso.

Hace poco vi una foto de una madre lactando en una estación de autobús. Alguien le había dicho *¡Cúbrase!* Y efectivamente, así lo hizo, cogió el pañuelo y se cubrió. Solo se veía una mujer con un pañuelo cubriéndole la cabeza y la cara, lactando.

En el inconsciente colectivo está grabada todavía la imagen de las clases sociales más pobres lactando en público. Las asociaciones son inevitables. Esa imagen forma parte de un pasado, en blanco y negro, desfasado y retrógrado que se desea olvidar. Aún quedan muchos años para considerar ciertas conductas, socialmente criticables, como actos inteligentes, naturales y aceptables.

¿Qué se puede hacer mientras? Felicitar a las madres

valientes que anteponen la necesidad de su hijo a los
convencionalismos sociales. Y si a pesar de las telas
cobertoras, las posturas cara a la pared, la incomodidad del
momento y otros inconvenientes, siguieran molestándola, la
Liga de la leche recomienda:

> Ignorar los comentarios.
> Utilizar el humor para desviar la atención.
> Reconocer la incomodidad de los otros y hacerles
saber que pronto se acabará.
> Evitar confrontaciones innecesarias y preocuparse
sólo por el bebé .

Ya sabes, echa mano del refranero español: "A palabras
necias, oídos sordos".

Madres que corren con lobos. Lactancia artificial

Lo peor que puede ocurrirle al hombre es llegar a pensar mal de sí mismo.
Goethe

¡¡No puedo más!! Me siento culpable por no aguantar las grietas, el agotamiento, la mastitis. He tenido que recurrir al biberón. Y ahora venís vosotras diciendo que debería haber pedido ayuda. ¡Alucinante! ¿Creéis que no lo he hecho? El médico de cabecera me dijo que lo dejara. La matrona que siguiera adelante. Mi suegra y mi hermana creen que debería haber esperado. Qué injusto. Cada vez que me ven con el biberón en la mano me miran mal. Soy una mala madre por no dar el pecho. Lo sé.

Escuché esta conversación hace unos días en una cafetería. Me conmovió oír la voz rota de esa madre a punto de llorar con su hijo en brazos, soportando el aguacero de frases bien intencionadas de otras dos madres compartiendo un café.

Por un momento me vi como ellas y lo lamenté. Pienso en las veces que he presionado hasta la saciedad, abrumándolas de información y consejos a esas mujeres que me dijeron que no iban a amamantar. Reconozco mi torpeza y ese desacierto de palabras hipnóticas que cordialmente lanzaba sobre las madres. Un vaivén de frases bienintencionadas que a la larga solo eran cantos de sirena.

Con la distancia que da la experiencia, una voz que sale

de dentro me habla de comprensión y compasión hacia esas mujeres. Una compasión que debí expresar y no hice. Mi rol como matrona consiste en mostrar las bondades de cualquier acto. Informar, formar y ayudar a decidir. Sin embargo, a veces presioné con excesivo ímpetu a mujeres de las que desconocía todo; su vida, sus pensamientos, su trabajo, su entorno, su hogar. Incapaz de ofrecer palabras de respeto y afecto por decisiones que, aunque no fueran compartidas, no debía juzgar. Reconozco que debía haber elegido las palabras con más cuidado.

Ibone Olza lo expresa magistralmente: "La leche materna es el mejor alimento para los bebés, pero dar el pecho no es siempre lo mejor".

Hay madres que han empezado a lactar y han tenido que dejarlo con todo el dolor de su alma, por grietas, soledad, mastitis, falta de ayuda y un largo rosario de razones. Quizás algunas mujeres puedan rebatir, discutir y hundir una a una toda esa argumentación, pero para ellas, y eso es lo importante, esas razones eran tan preciada y reales como un campo de girasoles.

¿Cuál es la nutrición básica del alma? Pues difiere de criatura a criatura, pero aquí hay algunas combinaciones. Considéralas como macrobiótica psíquica. Para algunas mujeres, el aire, la noche, la luz del sol y los árboles son necesidades. Para otras, las palabras, el papel y los libros son las únicas cosas que sacian. Para otras más, el color, la forma, la sombra y el barro son los absolutos. Algunas mujeres deben saltar, inclinarse y correr, pues sus almas ansían bailar. Y otras más ansían tan sólo una paz recargada en un árbol.

Mujeres que corren con lobos, Clarissa Pinkola

Hoy sé que esa presión excesiva, feroz, invisible y en ocasiones cruel es insana. Las voces extremistas pro-lactancia no son voces comprensivas, ni indulgentes, ni mucho menos compasivas. Son voces que censuran, juzgan y condenan a las madres que han optado por otro camino. Esa triste superioridad de las lactivistas sentenciando a otras madres resulta perjudicial. Además, el tema de la lactancia parece que es cuestión de todo o nada. Como una duda existencial. La palabra mixta se ignora y los biberones con leche materna se destierran.

Curiosamente la fotografía de una mujer amantando a su hijo parece ser la única imagen alegórica de la maternidad. La única forma de establecer el vínculo madre-hijo. Y sin embargo, no hay estudio científico que avale que las madres que no han amantado no hayan establecido un vínculo afectivo seguro con sus hijos.

Diane Wiessinger, una consultora internacional perteneciente a la Liga de la leche, autora de varios libros sobre el arte de amamantar, dice: "La mayoría de nosotros hemos visto a madres bien informadas luchando sin éxito para establecer el amamantamiento, que optaron por la alimentación con biberón con un sentimiento de aceptación porque saben que hicieron lo mejor que pudieron hacer. Y hemos visto madres menos informadas sintiendo ira hacia un sistema que no les dio los recursos que más tarde descubrieron que necesitaban. Ayuden a una madre que se siente culpable a analizar sus sentimientos y descubrirán una emoción muy distinta de la culpa. Alguien hace mucho tiempo asignó a estas madres la palabra *culpa*. Es la palabra equivocada".

Ser moderado y flexible es parte del aprendizaje vital de los humanos. Hay tantos tipos de madres como aves en el cielo. Aceptar las diferencias es sinónimo de tolerancia. Soy consciente de que además de informar, debo ayudar a las madres a explorar sus sentimientos, emociones y pensamientos. Ayudarles para que, usando sus recursos internos, tomen la decisión más adecuada para ella y para su hijo. Y si deciden dar lactancia artificial, acompañarla para que den el biberón como si fuera el pecho.

Sola ante el peligro. Primeros días en casa

¿Por favor, podrían dejarme aquí un par de días más? Pregunta una madre al saber que puede irse de alta. *Sólo ha pasado un día, ¡un día!*

Teresa acaba de parir su primer hijo y está asustada. Tras el parto camina entre algodones, paseando entre nubes, rodeada de su hijo, su pareja, sus padres. Horas felices donde le han mostrado cómo hacer un buen agarre y ponerse al bebé al pecho. Está a gusto en la habitación, individual, luminosa, con un sofá cama para su pareja. Todo está hecho, no tiene que preocuparse de las comidas, de la ropa, ni de la limpieza y ante la más mínima duda, toca el timbre y aparecen profesionales. Mejor imposible.

Cuando la ginecóloga ha dicho que puede irse de alta, le ha entrado el pánico. *¿A casa? ¿Ya? ¿Tan pronto?*

Lo que más teme Teresa es el inicio de la lactancia. En su entorno, revolotean ejemplos de fracasos: hipogalactia, grietas, pezones invertidos y otros avatares. De pronto el miedo aparece en la habitación como el olor a flores marchitas. Ha leído tanto y sabe tan poco. Sonríe ante las preguntas de su pareja: frecuencia de las tomas, duración, posturas para expulsión de eructos y cosas parecidas. El padre levanta las cejas y cruzas los brazos, escéptico ante mi respuesta de la lactancia a demanda. Una anárquica alimentación que desentona con sus ideas, nuestras creencias, mecánicas, rígidas, agarrotadas. Lo sé, inclusive la palabra "demanda" desconcierta. Es una respuesta abierta como un mar y en ese momento, ellos buscan una playa.

¿Quién me ayudará? Pregunta. *Si la leche no me sube,*

¿qué hago? ¿Cómo sabré que mi leche es buena? ¿Cuándo se produce la subida de la leche? Y si se duerme mamando, ¿lo dejo dormir, lo despierto?

Hace tiempo se publicó un artículo que hablaba del retraso en la subida de la leche de hasta tres días relacionado con las madres a las que se les administró analgesia epidural en el parto. Lo ha visto por internet y demanda información sobre ello. Necesita certezas, recetas mágicas, algo parecido a un manual de instrucciones.

Teresa se sienta en la cama, suspira sin dejar de mirarme. Les hablo de lo que pueden encontrar los primeros días, lo inevitable. El desconcierto ante la tristeza imprevista, el desasosiego pasajero de la inexperiencia, el cansancio extremo, la tibia inseguridad. Le alivia escuchar que por esa situación han pasado, pasan y pasarán todas las madres del mundo.

Les remito a un grupo de lactancia local: Lactalmeria. Un grupo de madres y profesionales de la lactancia con un enorme conocimiento sobre la misma. Un grupo asombroso. Insisto que cuente con su pareja, él es su mayor apoyo y aliado. Se necesitan. Y, sobre todo, le animo a que busque a otras mujeres, otras madres lactantes y navegue junto a ellas, como velero en la mar.

¿Dónde encuentro a esas madres? Pregunta. En las plazas, paseando, en los jardines, parques. En la sala de espera de la consulta del pediatra. Entabla amistad con madres que lacten, pregunta, no temas parecer novata. Aparca la timidez y la vergüenza en casa. Es mejor salir, preguntar y relacionarte que sentirse aislada, perdida, desorientada.

Es posible que sientas que estás sola ante el peligro. Solo es un espejismo, como en el cine. Cuentas con una buena red social. Lo esencial es la ilusión y las ganas que tienes de hacer las cosas bien, con eso y un poco de ayuda, basta.

Cuando le entregué el informe del alta, le ofrecí tres sugerencias como quien entrega una caja de bombones:

paciencia, autoconfianza y un grupo de lactancia local con el que poder contactar en caso de necesidad. En la habitación quedó flotando el olor a rosas, un ramo que dejaron como regalo para todo el personal. Gracias, Teresa.

Lactar o no Lactar. Esa es la cuestión

Algunos días, cuando salgo de una habitación tras hablar con la futura madre, tengo la sensación de hallarme en las bambalinas de un escenario, contemplando una obra de teatro con una frase de fondo; dar el pecho o no darlo. Como si Hamlet, el personaje shakesperiano más entrañable de la literatura universal, nos estuviera observando.

—¿Vas a darle el pecho a tu hijo?
—Me gustaría…, pero no sé.
—¿Por qué dices no sé?
—Depende si tengo leche o no
—Todas las mujeres tienen leche. Lo extraño sería lo contrario.
—A lo mejor no es buena.
—Tú leche es buena, todas las leches de una madre alimentan mejor que las artificiales.
—Bueno, sí… quizás.
—La leche materna es el mejor alimento para tu bebé.
—Eso dicen…
—Y tú ¿qué dices?
—No sé…
—Seguro que has pensado en ello durante el embarazo.
—Sí.
— ¿Vas a darle el pecho?
—Sí… No. ¡Uf! ¿Tengo que decirlo ahora?

Su decisión estaba más que tomada. Está demostrado que la decisión de lactar se toma en el embarazo. Y esta mujer, o desconocía lo referente a las ventajas de esta práctica o no le gustaba la dependencia o quizás hubiera otras razones. Sea lo que fuere, ella no tenía ni la más remota intención de dar el pecho.

Los minutos fueron pasando, las horas también. Terminó el parto y el bebé hizo un agarre espontáneo perfecto, desde el primer momento, ya sabéis: boca bien abierta, labios revertidos hacia afuera, lengua debajo del pezón y nariz, barbilla tocando el pecho. Vamos, ¡de libro!

No había pasado una hora desde aquel maravilloso agarre cuando tocó el timbre.

—Quiero que me dé un biberón.
—Tu hijo está mamando. ¿Para qué lo quieres?
—No tengo leche, el pecho está vacío.
—Tienes calostro. Si tuvieras leche, leche madura, serías un bicho raro. Créeme.
—Sí, pero no saca nada.

Me miró con el ceño fruncido, pensando ¿Por qué no se marcha y me deja en paz? Conseguí vencer su resistencia, sembrada de sí, no, quizás, puede… no más allá del tiempo que tardaría en llegar a planta y pedir un biberón. Hamlet o la eterna duda. La idea de que nada es real a excepción de lo que se halla en la mente de la persona sigue presente. Convencer a alguien de una decisión errónea en este tema es tarea de titanes. Aun así, hay que seguir intentándolo en espera de que las cosas cambien poco a poco.

Succión no nutritiva. La succión afectiva del bebé

Se le llama así para diferenciar la que alimenta al cuerpo o la que alimenta al alma. Una curiosa taxonomía que pone el acento en la ingesta para distinguir ambos tipos de succión en un recién nacido. Las dos son absolutamente necesarias y sería bueno trasformar el nombre de no nutritiva a succión afectiva o emocional.

Vayamos por partes, comenzando desde el principio, intraútero. Chuparse el dedo es un reflejo de succión, que se desarrolla alrededor de las dieciocho semanas de gestación, igual que sucede con chupar el cordón umbilical.

Resulta asombroso ver a través de la ecografía a un bebé de 30 semanas, con los ojos cerrados, entusiasmado succionando con fruición su pulgar entero dentro de la boca de forma cíclica y periódica. Un gesto visible que no tiene explicación. Todo un misterio. ¿Por qué mientras nos estamos formando y creciendo dentro del vientre de nuestra madre, necesitamos succionar sin más? No hay respuesta. Uno de tantos enigmas que rodean la vida.

La succión nutritiva se observa cuando el niño se alimenta a través de lactancia materna o a través de biberón. Requiere la habilidad de integrar la respiración, succión y deglución para una alimentación coordinada.

Si la madre da el pecho, los pequeños utilizan la succión no nutritiva cuando la secreción de leche es escasa o nula, o cuando necesitan sosiego, tranquilidad. Aparece al final de la toma. Es un tipo de succión rápida y superficial que posee un efecto calmante y es utilizada para explorar el medio ambiente. También se le llama succión seca, por que el bebé no extrae líquido. Es más sencilla que la succión nutritiva porque la deglución de saliva es mínima y por tanto disminuye la coordinación con la respiración.

No hace falta tener un chupete o el pezón de su madre para que un bebé se calme con otro objeto. Puede llevarse el dedo a la boca o una esquina de la sabana, el pico de una manta e incluso una parte de un muñeco, cualquier elemento le sirve de objeto consolador.

Algunos autores señalan que la succión como reflejo aparece alrededor de la semana 29, como modelo de conducta que satisface un deseo y proporcionar bienestar. Un patrón de conducta complejo que surge precozmente en el recién nacido. Este reflejo de succión se utiliza como medida de evaluación para determinar cómo sienten, oyen, ven, discriminan y aprenden.

Todas las madres conocemos el poder tranquilizador y calmante de ese gesto. La mayoría de los bebés utilizan el acto de succionar; sus dedos, un chupete, como un medio importante de organización y autocontrol cuando están molestos o sobre estimulados. De hecho, se sabe que el bebé que no ha podido llevarse el dedo a la boca manifiesta irritabilidad y dificultad para autorregularse.

En el medio hospitalario, está demostrado que practicar succión no nutritiva con chupete o a través del pezón materno ayuda a reducir el estrés y el dolor en los recién nacidos hospitalizados. Entre sus beneficios se encuentran: promueve la ganancia de peso en prematuros, favorece la maduración y el crecimiento gastrointestinal en neonatos inmaduros. También ayuda a pasar con mayor rapidez de la sonda de alimentación a alimentación oral completa. Y por si fuera poco, mejora la saturación de oxígeno, es decir, la cantidad de oxígeno que tienen en sangre. Como veis, un auténtico portento de la madre naturaleza.

A veces los nombres están lejos del auténtico significado de las cosas y en este caso creo que este tipo de succión es tan necesaria e imprescindible como la succión alimenticia. Las palabras y sus pliegues secretos. Succión con pezón, chupete o dedo, un gesto sencillo y necesario.

La voz del pediatra Carlos González

Hoy quiero hablar de todo un referente en el mundo de maternidad y la lactancia materna. Carlos González, un pediatra muy popular, conocido por su defensa de la crianza respetuosa y sobre todo por favorecer y potenciar la lactancia materna. El gran referente en este tema. Sus libros, auténticos superventas, han sido traducidos y reeditados sin cesar. Leerlos es una delicia, un compendio de sabiduría y sensatez que desarma cualquier razonamiento. La de veces que he recomendado y sigo recomendando sus obras.

Este gurú de la Lactancia Materna pasó por Almería en enero de 2016, gracias a Lactalmeria que ese año cumplían 7 años de vida. En la calle, el sol jugaba al escondite, mientras el salón de actos del museo arqueológico se iba llenando de profesionales, madres, curiosos y periodistas. En la tercera fila una joven pelirroja daba al pecho a su bebé. La expectación era máxima. La charla de ese día iba enfocada a profesionales: "Abordaje médico-sanitario de dificultades en la lactancia materna".

Llegó acompañado de autoridades, con su aura de mago bueno; barba plateada, pelo entre cano, sonrisa en los labios. Y empezó.

Nos habló de la importancia de la lactancia materna; cómo funciona, de la alimentación complementaria, gráficas de peso, el agarre inicial en los hospitales… y un largo etc. No solo promovía la lactancia, sino lo más importante, aportaba soluciones a las madres que desean dar el pecho y se encuentran con dificultades. Una maravilla. Su experiencia como padre y pediatra le han proporcionado el bagaje suficiente para interpretar que lo más esencial para el niño son sus necesidades afectivas: abrazos, besos y el pecho materno. Dicha atención es necesaria para un óptimo desarrollo.

Estoy convencido de que no se necesitan libros para criar a un niño. No decirle muchas veces te quiero, porque no lo entienden, hay que demostrárselo: abrázale, bésale mucho y hazle sentir que estarías dispuesto a todo por él.

Si queremos volver a conciliar trabajo y familia, debemos cambiar completamente nuestro sistema productivo. Y si no, si optamos por seguir considerándolos inconciliables, pues tendremos que seguir eligiendo: o trabajas o haces vida familiar.

¿Qué aporta la leche materna a los niños después de los dos años? Pues lo mismo que antes: proteínas, lípidos, lactosa, vitaminas, calcio, inmunoglobulinas, hormonas, enzimas... cientos de ingredientes.

Aparte de las bondades de la lactancia materna, nos invitó a reflexionar sobre lo que de verdad importa; crianza respetuosa, amorosa, actuar con naturalidad, dar amor, mimos, abrazos. También habló de gestionar la autoridad y los límites hacia los hijos. Agradezco a Lactalmeria su esfuerzo para traer a esta eminencia.

A los profesionales les hablamos de la importancia de la lactancia materna, qué es, cómo funciona, la alimentación complementaria, la importancia de la posición, las gráficas del peso. A las familias les hablamos de por qué lloran tanto los niños. Y se les va a explicar que, normalmente, no lo hacen por fastidiar, sino porque quieren y necesitan estar con su mamá.

Me molesta esa obsesión por querer que nuestra forma de criar a los hijos tenga efectos, "beneficios", a largo plazo.

Es lo que muchos padres buscan. Pero es como si estuviera obligado a tener menos alergias porque le di el pecho, o a tener más vocabulario porque le conté cuentos, o a ser más seguro de sí mismo porque le cogí en brazos, o a ser más responsable porque le puse límites... No, yo no espero que mis hijos hagan nada a cambio. Les traté lo mejor posible, por amor, y ellos saldrán como salgan, porque el futuro nadie lo conoce.

HOMBRES, MUJERES, MATRONAS

Sucede que soy matrona

Los días memorables de la vida tienen una luminosidad más intensa que los normales.
Stefan Zweig

Tiempo atrás, una mujer me recordó que yo le había atendido en el parto de su única hija, hacía veinticinco años. *La matrona que asiste tu parto nunca se olvida*, contestó ante mi asombro por su excelente memoria.

Creo que ningún otro oficio resume el misterio de la existencia como el ser matrona. La incertidumbre que supone un embarazo desde el principio, hasta nueve meses más tarde, se asemeja a vivir.

¿Cómo nombrar esa complicidad que se forma entre la matrona y la mujer? ¿Cercanía, sensibilidad, empatía, firmeza, ternura? Todo y nada. La vida desnuda, compleja y sencilla, con su cruda y delicada realidad.

A veces se forma un nudo en la garganta y tarda tiempo en deshacerse. Y te estalla como una lluvia de estrellas el llanto emocionado, imparable de los hombres; padres que miran conmovidos a sus hijos entre lágrimas, tapándose los ojos, frenando la emoción.

Por supuesto, es una profesión, un trabajo con sus días luminosos y sus días grises. Con turnos agotadores y horas adorables. Un oficio que, a pesar de celebrar la vida, en ocasiones vivimos la adversidad. Acompañar a una madre, a unos padres a decir adiós a su hijo antes de haber dicho hola es algo inenarrable. Vestir a un bebé sin vida es desolador.

Algunas veces me he preguntado en qué consiste nuestro

trabajo. Las encuestas hablan de un desconocimiento de nuestra formación; cinco años de estudio equivalente a una licenciatura; de nuestro ámbito de actuación, nos encuadran en hospitales y maternidades; y nuestras funciones, ayudantes del tocólogo con escasa independencia.

¿Qué hacemos concretamente? ¿Qué verbo nos define?

Acompañar, ayudar, silenciar, ofrecer, soportar, ignorar, presionar, callar, sostener, mediar, calmar… y, sobre todo, animar. Animar una y mil veces por encima del desánimo, de la desinformación, de la ansiedad, de las palabras gastadas, del cansancio, los gestos contenidos, la impaciencia, el dolor.

Resulta curioso y hasta desalentador que la población en general no sepa que cuidamos de la mujer en todas las fases de su vida reproductiva y sexual. Atendemos embarazos, partos, puerperios, lactancia, recién nacidos, climaterio. Estamos formadas para llevar a cabo programas de educación sexual en adolescentes, planificación familiar, mujeres en la menopausia… y un sinfín de actividades que la dichosa administración no nos deja realizar. ¿Por qué? La respuesta, amigas, flota en el viento, como la canción de Bob Dylan.

Decir matronas o comadronas evoca una cierta imagen de mujer potente, decidida, corpulenta, fuerte, entre misteriosa y amenazante, entre una bruja y un ángel. Hay mucha literatura sobre ello. Probablemente tenga su origen muchos siglos atrás, cuando se nos llamaban *obstetrix*, que significa "mujer que está al lado de la parturienta y le ayuda". De hecho, la palabra matrona estaba rodeada de un halo de autoridad. En la antigua Roma, era la mujer que trasmitía los valores de la sociedad.

Creo que en la actualidad proyectamos un modelo diferente. Tenemos un cierto perfil de inmediatez, cercanía. Habitamos un lugar donde se anuda la paciencia con la fortaleza, la sumisión con la rebeldía, la serenidad con la pasión y, sobre todo, una tímida resistencia por ocupar nuestro sitio, lograr la autonomía y el reconocimiento que nuestra profesión goza en otros países de Europa. Utopías, queridas utopías.

Lo más curioso de todo son esos momentos entrañables, en los que con una sinceridad conmovedora las mujeres te cuentan su vida, sus historias, haciéndote cómplice en un instante de su tibia intimidad. Bastan unos minutos, una mirada y en un descuido te han abierto su alma con la misma facilidad que se abre una ventana.

La vida palpita y brilla dentro de una gestante. Dos corazones latiendo cada uno a su ritmo y nosotras allí, cuidándolos. Lo reconozco, asistir al comienzo de la vida me hacía sentir importante, privilegiada, inquieta también. A todas nos pasa, da igual los años de experiencia. Hasta que el bebé no está fuera, respira y se apoya en el pecho de su madre, no estaba tranquila.

La recuerdo bien, fue mi primer parto en Almería. Llegó sola, llorando y asustada, con su pelo largo, negro, enredado en unos ojos color mar. Su abuela, enferma, no pudo acompañarla, venía sola en la ambulancia. Bajo las sábanas blancas, desordenadas, olía a lavanda y a sudor. *Tengo miedo, mucho miedo*, dijo con la mirada desorbitada, agarrándome la mano. Tres horas después, su hijo abría los ojos al mundo. Ella se llamaba Juana, tenía catorce años.

El libro de las madres. Laura Freixas

Cuando me quedé embarazada, esa impresión de destierro, de abandonar el terreno en el que había jugado hasta entonces, esa sensación que en el ámbito laboral me resultaba agridulce, también la tuve (y ahí de dulce no tuvo nada) en otro terreno: la lectura. Las emociones que en mi cuerpo y en mi alma despertó el primer beso venían precedidas de una larga elaboración literaria. Las suscitadas por el embarazo, el parto, el tener entre los brazos por primera vez a mi hija recién nacida…, de todo eso, la literatura no me había dicho nada… Y ese silencio me resultaba escandaloso. Desde entonces me he interesado por rastrear, en la literatura, la figura de la madre.

Prólogo de El libro de las madres, Laura Freixas

Encontré esté libro igual que se encuentra un pequeño tesoro, de forma inesperada, como esa concha brillante hallada en la playa que te llevas a casa como algo especial. Me encantó. Me sedujo desde la introducción que hace la autora hasta la selección de imágenes y textos que en él aparecen. Una antología de fragmentos literarios, reales y ficticios, escritos por hombres y mujeres, que repasa las diferentes etapas de la mujer desde el embarazo hasta el comienzo del parto. Encaje de palabras hecho ternura.

Conforme iba leyendo sentía que aquellas palabras bailaban dentro de mí, evocando mis embarazos. Las páginas de aquel libro reflejaban como un espejo sentimientos que tuve y a los que podría poner voz. Fue una grata sorpresa, la misma que se siente al levantar los ojos al cielo y encontrarte que una estrella fugaz ilumina el firmamento.

Una edición cuidadísima. Pinturas de Tintoretto, Picasso, E. Münch… acompañan los textos de grandes escritores. Pérez Galdós, Eurípides, Jane Austen, S. Agustín, Antón Chéjov o Clarice Lispector, entre otros, danzan como ángeles poniendo voz a ese sentimiento llamado amor, amor de madre.

Destaco "Las cartas a la hija", de Madame de Sévigne (1671—1696). En él aparecen fragmentos de las cartas, auténticas, que la marquesa escribió a su hija cuando ésta se fue a vivir con su marido a la Provenza. En ella se recoge el amor de una madre hacia su hija, el dolor de la separación y el intenso vínculo que las une a ambas. Una dulzura de cartas, un testimonio real con el que cualquier madre se sentirá identificada.

Felicito con toda cordialidad a Laura Freixas, una escritora que ha indagado en el mundo femenino de la maternidad, ese espacio silenciado, invisible en el que parecen diluirse las mujeres madres. Cierto. Su rostro trasmite esa serenidad propia de la gente sabia. Con ese perfil de una matrona romana, me recuerda a una conocida mujer romana, Cornelia, madre de doce hijos, famosa por su carácter, sus tertulias literarias y sus cartas.

Laura, una voz potente y veraz que habla del pobre y en ocasiones triste papel de la mujer—madre en la literatura. Recomiendo esta joya. Un libro en el que vale la pena adentrarse como quien entra en un paisaje de cálidos bosques y auroras boreales, tan precioso que parece irreal.

El punto de vista más llamativamente ausente en la literatura que versa sobre relaciones familiares es precisamente el de la madre. Si en general las mujeres "son dichas" más que "se dicen", si los personajes femeninos suelen ser vistos desde fuera –y cuando lo son desde dentro, es un autor masculino el que les da voz–, esto puede predicarse mucho más de las madres. Son muy escasas en la literatura las madres (madres reales y/o personajes de madre) que se expresan sobre la maternidad en primera persona.

Nuevos Padres, nuevos hombres

He aprendido que cuando un recién nacido aprieta con su pequeño puño, por primera vez, el dedo de su padre, lo tiene atrapado para siempre.
Gabriel García Márquez

Estamos en el siglo XXI y las mujeres de este siglo reclaman a sus compañeros mayor complicidad emocional, comunicación, reparto igualitario de tareas y compartir los cuidados del bebé. Hoy en día la implicación del padre en los cuidados de los hijos parece natural, ni siquiera se cuestiona. Claro que sobre el papel todo es armónico, como una sinfonía musical, hasta que la realidad desafina y nos despierta de esa dulce utopía.

Tradicionalmente la relación de los hombres con las mujeres se ha situado en un plano superior o en un nivel de dependencia sentimental. Nunca en relaciones de igualdad. Los tiempos cambian, sin embargo, a muchos hombres les cuesta relacionarse igualitariamente con su pareja porque los espacios masculinos (trabajo, deportes, ocio…) siguen siendo competitivos y jerárquicos.

Educados para reprimir sus emociones, el modelo de relación aprendido de dominación—sumisión no es válido en el siglo actual. Cierto. De pronto nuestros hombres se hallan perdidos, a la deriva en un mundo de exigencias igualitarias, donde la autoridad del padre de familia, por suerte, ya no es sagrada. Hoy el respeto se gana, no se impone.

Estos padres igualitarios o padres cuidadores sienten una

profunda soledad. Carecen de referencias en las que mirarse. Sin modelos sociales, sin aplausos familiares sienten que pisan un terreno de arenas movedizas por el que no saben bien cómo caminar.

Los nuevos varones felicitan a la mujer el 8 de marzo, valorando, apoyando sus reivindicaciones. Todo genial. Sin embargo, siguen ayudando en las tareas domésticas sin asumirlas como propias, evaden obligaciones con la excusa de la torpeza masculina o la ignorancia, lavan el coche, pero no los baños. Claro que configurar esta nueva identidad no debe ser fácil. Aprender a llevar una paternidad sin patriarcado, auto modelarse, reconstruirse en un mundo tan cambiante debe suponer un tremendo esfuerzo.

Resulta curioso y loable descubrir cómo algunos padres se han unido para revindicar estructuras más sanas e igualitarias en las relaciones personales y familiares. En internet he encontrado asociaciones de hombres que defienden y luchan por una nueva forma de pensar y relacionarse. Nuevos paradigmas de paternidad y masculinidad. Una de ellas, Asociación de hombres por la igualdad de género, tiene un lema que reza "todo hombre es una revolución pendiente".

Felicito a estos hombres que desean disfrutar de la crianza, del hogar, a pesar de las presiones, inevitables, del entorno social. Ayer mismo, una señora mayor regañaba a su yerno tembloroso cuando intentaba cambiar el pañal a su bebé. *¡Así no! Qué torpe sois, anda, ¡déjame!*

Me guste o no, debo admitir que el discurso machista escampa a sus anchas entre las mujeres. Podía justificarlo por la edad pero lo cierto es que también suele darse en chicas jóvenes. Por suerte y a pesar de los pesares, hombres y mujeres vamos dando pequeños pasos.

Hace unos meses, hablando con una pareja sobre los nuevos padres y su implicación en la crianza, el hombre confesó lo duro que resultó el cuidado de su primer hijo. Su familia quería que él siguiera con el tradicional rol de hombre y dejara de hacer cosas de "mujeres". Cuando su hijo cumplió tres meses, su mujer le regaló el poema de Mario Benedetti, "No te rindas", enmarcado en un pequeño marco de madera blanca. *No te puedes imaginar lo que lloré leyéndolo, aún me emociono al recordarlo. Me ayudó muchísimo. Claro que eso no se lo conté a nadie. Tampoco hacía falta. Solo lo sabíamos ella y yo.*

Residentes de matronas, gente entrañables

Llevo conviviendo con ellas varios años y hoy a raíz del comentario agradecido de una pareja hacia dos estudiantes, me he animado a escribir acerca de las EIR, residentes de matronas, compañeras. Entrañables personajes que forman parte de nuestro paisaje como flores en la montaña.

Me encanta mirarlas. Observar su fascinante ingenuidad, sus modestas destrezas, su entrega humilde, su sigilosa tarea y ese balbuceo de voz que sube y baja como la frecuencia cardiaca fetal, cuando se dirigen a la futura madre. Tímidas por naturaleza, hablan de puntillas para no molestar.

Fue hace un par de semanas. Una mujer en la sala de dilatación 2 me preguntó: *esa chica que acaba de salir es estudiante, ¿no? Sí*, respondí, *¿cómo lo ha sabido? Por su forma de hablar, por su tacto al ponerme el suero y las cintas del monitor.* Encantadora.

Recién llegadas para aprender a cuidar a dos seres a la vez, exhiben una sensibilidad especial. La mirada de ellas hacia las madres es distinta. Acogedora, diligente, cercana. Un tierno matiz difícil de explicar en estos chicos y chicas que optan por esta compleja profesión.

Su elección es vocacional, tremendamente vocacional. Cuesta mucho sacarse el EIR. Aprobar el examen de enfermero interno residente es duro. Ellos lo saben. Años de estudio, de renuncias, de luchas personales, de éxodos familiares por alcanzar el sueño de ser matrona o matrón. Un arco iris de edades. Viéndolos aprender, trabajar, hablar, emocionarse, soñar, parece que hubieran encontrado su lugar en el mundo.

Me gusta observarlas. Sus gestos, preñados de incertidumbres ¡son tan emotivos! Un parto eutócico perfecto, una sonrisa cómplice, un apretón de manos, un trabajo bien hecho, un tímido piel con piel. Todo.

Es bonito descubrir en estas futuras matronas esa chispa de ingenua ilusión de que algún día, cercano, podrán enlazar la teoría y la práctica como la playa y el mar. Bendito anhelo. Mientras llega ese utópico día, aquí están dando sus primeros pasos, inestables como bebés al empezar a caminar, tiernos, flexibles, constantes.

Su esfuerzo y tenacidad para adaptarse, su coraje y energía en las largas jornadas de trabajo es notable. Desde el residente más tímido y laborioso hasta la estudiante más enérgica y locuaz, todos comparten un mismo ideal, cuidar de la madre y del bebé bajo el luminoso cielo, a veces nublado para las matronas, de la evidencia científica. Quizás algún día enarbolen otras banderas, ojalá. En ocasiones lo esencial se resiste a ser contado. Cuando pienso en ellas y ellos, tengo la vertiginosa y dulce sensación de que algunas cosas pueden cambiar.

Recuerdo una madrugada y a una residente, ya matrona, al atender un parto, su primer parto, que no esperaba hacer. Nada más salir el pequeño, los padres emocionados le daban las gracias por sus cuidados. Ella con los ojos mojados y la voz temblona apenas podía responder. Meses después otra estudiante recibió una caja de bombones con una tarjeta de agradecimiento. Su cara se pobló de lágrimas. Era el regalo de unos padres que habían perdido el bebé días antes de nacer. Pequeñas historias que configuran el libro de su carrera, una carrera paciente e intranquila, porque en esto de los partos como en la vida, las sorpresas agradables y no agradables caen del cielo como inesperada lluvia.

Para ellas, *Paritorio o Partos*, como dice un compañero, es un terreno amigable, una especie de segunda casa que al final de los dos años de residencias lo habitan como si fuera un hogar. No hay más que verlas el día de su despedida, hombres y mujeres emocionados recordando sus pasos, evocando alegrías y anécdotas antes de decir adiós.

Mi humilde homenaje para vosotras. Testigos de un tiempo cambiante que no termina de despegar. Entrañables personajes. Saber que sois la alegría, futuro y esperanza de esta bendita profesión, única, herida y aclamada. Matronas.

Para vosotras este hermoso poema.

Cuando vayan mal las cosas

Cuando vayan mal las cosas
como a veces suelen ir,
cuando ofrezca tu camino
solo cuestas que subir,
cuando tengas poco haber
pero mucho que pagar,
y precises sonreír
aun teniendo que llorar,
cuando ya el dolor te agobie
y no puedas ya sufrir,
descansar acaso debes
¡pero nunca desistir!

Rudyard Kipling

Madres solteras. La vida desnuda

La verdadera nobleza es caminar toda la vida con pasos que salen del corazón; que tus actos estén de acuerdo con tus ideas, aunque el precio sea alto.
Rosa Montero

A menudo atiendo partos de mujeres que han elegido ser madres sin pareja. Pienso en aquellos años cuando ser madre soltera no era una opción, sino una impuesta circunstancia, en ocasiones mal vista. Por suerte, los tiempos cambian y hoy en día este tipo de maternidad es el fruto de una meditada decisión personal.

Familias monoparentales en las que la mujer es la directora y la actriz protagonista. Aquí pueden hallarse como en una galaxia; madres viudas, separadas, divorciadas y sobre todo madres solteras por elección. Una maternidad que constituye toda una odisea. Helenas sin Ulises dispuestas a todo por ese hijo que viene con su particular pan bajo el brazo. Son mujeres, madres que han formado asociaciones de familias monoparentales.

¿Qué ventajas encuentran estas mujeres? La mayoría refieren como opción principal la posibilidad de llevar a cabo su propio proyecto personal, tener su propia familia. Solteras por azar y madres por elección. Madres que trenzan su nueva vida, tirante como una cuerda, al servicio de su deseo.

A veces el entusiasmo y la esperanza es un cielo nublado que no termina de clarear. Problemas como estrés por sobrecarga o conciliar la vida familiar y laboral son parte de su universo. A modo de mantra, las he escuchado decir que a su día le faltan horas. Todo ello sin contar que los niños crecen y de pronto deben responder a la eterna pregunta sobre la identidad del padre. Muchas se encuentran con un calvario de incomprensión en medio de una discriminación laboral manifiesta. Y aunque andamos por el siglo XXI, lo cierto es que sigue incomodando que algunas personas se atrevan a sacar los pies del tiesto. Resulta curioso observar los sentimientos que despiertan en otras mujeres. Sentimientos contradictorios de envidia, discriminación, críticas, admiración e incluso rechazo. Ir por libre, en ocasiones, está mal visto.

En España hay cerca de medio millón de familias monoparentales encabezadas por figuras maternas. Unas cifras que aumentan constantemente. Criar a los hijos en solitario no es fácil, se enfrentan a muchos retos que hay que superar y los superan. Responsabilidad, falta de tiempo personal, dificultades económicas y un largo etc. Pero los retos son desafíos para seguir avanzando en la vida. Enhorabuena a todas esas mamás.

Diría que, como cualquier madre soltera que ha sentido el peso de ese estereotipo o la estigmatización, me siento más orgullosa de mis años como madre soltera, que de cualquier otra etapa de mi vida.
J.K. Rowling

Doris Lessing, escritora y madre. Nobel de Literatura 2007

"Contra la maternidad, la literatura", rezaba el titular de un artículo sobre esta mujer. Descubrí a esta escritora cuando mis hijos eran pequeños. Aún tengo párrafos subrayados que hablan de la maternidad y sus contradicciones. Por entonces yo era una idealista convencida, que sublimaba el hecho de ser madre en aras de la más alta realización personal.

Me sorprendió leer el testimonio de esta mujer en su vida cotidiana, sus conflictos en el trabajo, el sexo, la política y sobre todo, su controvertido instinto de madre.

La personalidad maternal me llegó más tarde, con mi tercer hijo. En mi primer matrimonio la vida era completamente previsible, lo que comías, todo lo que hacías y yo pasé por todo aquello como si se tratara de representar un papel en una obra de teatro que, en la realidad, odiaba amargamente.

Esta creadora reflejó en su obra sus experiencias y sus contradicciones como madre. A los 36 años abandonó a su marido y sus dos hijos mayores en Sudáfrica y marchó con el pequeño hacia Inglaterra. Lo contaba sin reparos en todas las entrevistas. No debió de ser fácil hablar de ello, pero quería ser honesta. Aquella necesidad existencial que llevó a cabo, contra viento y marea, la mantuvo a salvo de sus propios demonios. Su lucha quedó reflejada en su obra, cargada de madres e hijas, rechazos y afectos mudos, encuentros y desencuentros.

Una mujer rebelde, vitalista de ojos verdes y genio endiablado que hablaba con coherencia y lucidez. Sus personajes, eminentemente femeninos, retratan la vida y las luchas de las mujeres de su generación. Personas frustradas por no poder desempeñar un papel relevante en la sociedad por su condición de mujer. Como su madre, a la que describía como una mujer dominante y fracasada de la que intentó escapar de su sombra durante toda su vida. Una figura hostil que fue modificando a lo largo de sus novelas para transformarla en una madre compresiva capaz de satisfacer las necesidades afectivas de una hija.

Mi madre llegaba a toda prisa de la granja para decirme que era una irresponsable por tener otro hijo tan pronto, yo me defendía diciendo. "¿Por qué una mujer fuerte no puede tener dos bebés seguidos, todas las negras los tienen, o no?". "Oh cariño…". Y se largaba a quejársele a mi padre (…).

En sus entrevistas y libros su voz es apasionada y honesta. Una voz sincera sobre los hijos, ese sentimiento de querer y no querer que la atrapó durante toda su vida en la tela de araña de su maternidad.

Su libro de memorias "Dentro de mí" retrata escenas del hospital donde tuvo a sus hijos, el contacto con el personal y las costumbres de antaño, un valioso testimonio escrito con una lucidez y elegancia sin igual. Aquí os dejo un retazo de sus memorias.

Mi segundo parto no fue lo que esperaba. Hago este apunte por esa afirmación de que lo que determina el transcurso del parto es la actitud mental. Mi primer parto o lying—in ("reposo en casa", como solía llamarse antiguamente al parto, y con bastante acierto, pues debías guardar reposo durante semanas) lo abordé tranquilamente, sin esperar dolor, o dificultades, dada mi joven y arrogante salud. De nuevo la primera dama de la Clínica de Maternidad, la estúpida enfermera autoritaria, esas joviales enfermeras que se aseguran de que las madres y los bebés se vean lo menos posible.

Llegué, como la primera vez, por la noche, tras reconocer que los dolores eran diferentes a otras punzadas, retortijones, sensaciones, presiones del final del embarazo, y por la inconfundible oleada de energía de la que te provee atentamente la Madre Naturaleza. Sola, iba y venía por la habitación, después de haber sido bañada y, por supuesto, afeitada. Como de costumbre, la clínica ya no daba más de sí. "Tú sé buena chica", gritaban las enfermeras, asomando sus cabezas sonrientes por la puerta.

Yo quería estar sola. Paseé, paseé toda la noche, dando vueltas y vueltas, fui a ver a los bebés que al principio todavía dormían, pero después los evité cuando empezaron a dar gritos, dos horas antes de la hora de comer. Miré las estrellas por la ventana. Me preguntaba cómo lo estaría llevando Frank con John. Después, a las diez de la mañana, unas punzadas agudas, entraron el doctor y las enfermeras, y el bebé nació al cabo de media hora. Todavía esperaba que comenzara el parto. Me había dolido muy poco antes del cloroformo. Me enseñaron una niña menuda, más pequeña que su hermano, y al mismo tiempo hecha evidentemente de algo diferente, una cosita hermosa lista para ser abrazada y mecida. Pero: "Pronto acabará con tu paciencia. Por favor, enfermera, no te la lleves. Oh, ya, pues entonces sólo un minuto". Los diminutos labios se aferraron al pezón, de nuevo el milagro, la vida que sabe exactamente lo que tú sabes. La enfermera está de pie frente a ti, con el ceño fruncido. "Todavía no tienes leche, ¿sabes? Mañana te bajará".

Cerebro de padre

Son dos las personas que tienen un hijo, y las dos necesitan el debido reconocimiento.
Anna Machin

Anna Machin, profesora de antropología, cuenta que, tras un parto complicado con una fuerte hemorragia, le ofrecieron ayuda psicológica para manejar la experiencia vivida. Sus recuerdos eran borrosos, no vio nada y no se sentía muy afectada. Sin embargo, su pareja lo presenció todo y quedó traumatizado. Pocas veces se piensa en el padre. Su marido desarrolló PET, trastorno de estrés postraumático y durante el primer año el mero recuerdo del parto le angustiaba.

Aquella injusticia llevó a Anna a realizar una investigación sobre la paternidad.

Hoy sabemos que los hombres también experimentan alteraciones fisiológicas a raíz de la paternidad. La Doctora Natalia López Moratalla, catedrática de Bioquímica y Biología molecular afirma "la atención al bebé es un *estrés positivo* para el padre, que potencia la aparición de nuevas neuronas por acción de la prolactina. Los cerebros de los varones padres son claramente diferentes de los que no lo son. Su desarrollo cerebral por la experiencia de la paternidad es proporcional al tiempo que pasan con los críos". Por tanto, la vinculación de un padre con su hijo será mayor cuanto mayor sea la participación en sus cuidados.

El hombre, compañero, confidente, cómplice, amante, amigo... también experimenta cambios fisiológicos a raíz de la paternidad. Estos cambios comienzan durante la gestación al estar en contacto con la madre. Sus niveles de oxitocina se elevan, al tocar la barriga de la madre y percibir al hijo. Y se mantienen elevados al atender al pequeño, bañarlo, acariciarlo, acunarlo. Tras el nacimiento, experimenta un descenso de testosterona que favorece su implicación con el bebé.

Los diferentes cambios neurobiológicos que suceden en la paternidad se producen gracias a la plasticidad cerebral, es decir, la capacidad del cerebro de adaptarse al entorno. Los resultados del trabajo de Anna Machin muestran que "La experiencia de la crianza de los hijos mejora la plasticidad estructural del hipocampo y de la corteza prefrontal. El cerebro de los varones padres sufre una reorganización de la estructura en el hipocampo y, el de ambos, (madre y padre) se modifica en la corteza prefrontal".

Investigaciones realizadas en el Centro de Ciencias del Cerebro Gonda de la Universidad de Bar—Ilan, en Israel, evidencian que a diferencia de las madres, en la que se muestra mayor actividad en la amígdala cerebral, los padres experimentan más actividad en el surco temporal superior del cerebro, que es una región importante para la socialización, que ayuda a interpretar las expresiones faciales, a procesar el habla y a entender cómo nos relacionamos con los demás desde un punto de vista más racional.

También se produce una alteración hormonal. Aumentan los niveles de prolactina y disminuyen las cifras de testosterona. Un fenómeno que se da en todos los hombres, al margen de pueblos y culturas. Esta bajada hormonal tiene su raíz en la evolución.

Como los bebés son dependientes de sus progenitores, la presencia del padre asegura su supervivencia. Alison Fleming, profesora de psicología en la Universidad de Toronto, descubrió que los padres con niveles más altos de prolactina están más alertas al llanto de un bebé, y que aquellos con un nivel más bajo de testosterona sienten más la necesidad de responder al llanto.

La de cosas que desconocemos sobre la naturaleza de la paternidad.

La Matrona como personaje literario

Los grandes personajes de la literatura están consumidos por la sensación de que habitan en un misterio que deben revelar con sus acciones. Lo que los define es el riesgo. Desde allí irán al fracaso, o a la gloria.
  Antonio Skármeta

En Literatura somos inexistentes. A pesar de que los profesionales sanitarios aparecen por doquier, y que grandes autores como E. Hemingway o M. Ondaatje han escrito obras protagonizadas por enfermeras, las matronas brillan por su ausencia.

Curiosamente, en el mundo de las letras los estereotipos femeninos abundan como flores en el campo. Sufridas princesas, madres abnegadas, doctoras incansables, abogadas, periodistas, maestras, damas etéreas y un largo muestrario de almas fuertes y sensibles, bien retratadas y alejadas a años luz del universo matronil.

Mª del Mar M., una joven matrona salida de nuestra escuela, reflexiona en su Facebook sobre el tema:

En enero de 1998, la revista Midwives Journal publicó un artículo de Terri Coates titulado "Reflexiones en torno a la comadrona como personaje literario". Tras un exhaustivo análisis, Terri se había visto obligada a concluir que las comadronas son poco menos que inexistentes en la literatura.

Y, sin embargo, el oficio de traer nuevas vidas al mundo es en sí mismo terreno abonado para el drama y el melodrama. Cada bebé es fruto del amor o la lujuria (¡o ambos!) y nace envuelto en dolor y sufrimiento, seguido de dicha o de tragedia y angustia. La comadrona asiste partos de todo tipo; se encuentra en el meollo de esa realidad, es testigo de todo. ¿Cómo se explica, entonces, que siga siendo un personaje desdibujado, oculto tras la puerta de la sala de partos?

Cierto, muy cierto, compañera. A excepción del libro Llama a la comadrona de Jennifer Worth, traducido a varios idiomas, apenas hay obras en las que aparezcamos, pequeñas obras en inglés o actuales sagas fantásticas, como la Matrona Baenre.

En Anna Karenina, Tolstoi (1873) describe "las manos blancas de la comadrona". La comadrona, Uzaveta Petrovna, una de las pocas matronas que aparece en la literatura con nombre propio. Es ella quien atiende el trabajo de parto de Kitty, mientras el médico acompaña al marido angustiado durante las 22 horas del día que dura el parto.

Nuestra profesión, tan antigua como la madre tierra, ha sido mostrada por genios y artistas. Existen grabados, iconos, imágenes, esculturas, mosaicos y obras de artes de miles de años de antigüedad que inmortalizan nuestro oficio. Sin embargo, a pesar de nuestra visibilidad en el arte, seguimos ocultas entre las palabras que conforman la literatura, los libros. No llenamos páginas de novelas, ni reposamos en los estantes de las bibliotecas, ni coloreamos los expositores de las librerías. ¿Por qué? Sinceramente, no lo sé.

Mientras llega el tiempo de surgir entre letras, espero. Espero que algún día nuestros cuidados, nuestras caídas, nuestros ascensos, nuestra poesía, aparezcan reflejados entre párrafos, prosa, latidos y versos.

—*¿Cómo va eso, querida Elisabeta Pretovna?* —
*preguntó la Princesa a la comadrona, que salía en aquel
momento de la habitación de Kitty con el rostro radiante
aunque preocupada.*

—*Todo va bien —dijo la comadrona—. Pero
persuádanla —añadió— a que esté en la cama. Así sentirá
menos los dolores.*

Guerra y Paz. Lev Tolstoi

Nosotras que nos queremos tanto

Avergonzar a las madres por no volver al estado anterior después del parto puede causar sentimientos de fracaso cuando ser madre ya es lo suficientemente difícil, y cuando un gran número de nosotras ha vivido ya una vida de sentirse poco bella antes de dar a luz.
Jade Beall

Sabias palabras de esta mujer que un día decidió publicar en su blog retratos de su reciente maternidad posando con su hijo de cinco semanas. Usando la fotografía como herramienta terapéutica, en su lucha por perder peso y mejorar su imagen, comenzó a tomar autorretratos y a compartir su historia. Todo un acierto. Aquel reportaje se hizo viral y captó la atención de todo el mundo. Su objetivo era reflexionar sobre la transformación que presenta el cuerpo tras el parto. Desnudar su espíritu en un cuerpo adorablemente imperfecto, según los cánones sociales, claro. Con ello, logró un efecto dominó. Le escribieron cientos de mujeres que deseaban compartir su gozosa, triste, inquietante historia de vida grabada en la piel.

De ahí surgió el proyecto de retratar en un libro vivencias e imágenes de mujeres auténticas con cuerpos reales.

La autora define "A Beautiful Body Project" como "Un movimiento de mujeres que se unen para contar sus historias y celebrar sus cuerpos en constante cambio, para que las futuras generaciones de mujeres puedan vivir libres de auto sufrimiento".

Desde la noche de los tiempos, se ha retratado el cuerpo de la mujer a través de la mirada masculina, objeto de deseo y poder. Imágenes sexuadas. Esa lente varonil nos ha llevado a pasarnos la vida jugando a ser replicantes de cuerpos danone, publicitados en papel, retocados, esculpidos en Photoshop. Patéticos cánones de belleza que nos tiranizan y nos empequeñecen.

A veces olvidamos que lo esencial es invisible a los ojos. Así es. La maternidad transforma el cuerpo, la mente y el corazón de las mujeres por toda su eternidad. Es un orgullo, que, aunque no queramos mostrar, tampoco debemos esconder. Nos aman por lo que somos, amamos a los otros por lo que son, no por sus cuerpos.

"Cuerpos bonitos" es el título del libro que publicará Beautiful Project. Se dice que los enunciados dotan de sentido lo que nombran. Cierto. Quizás nunca un epígrafe ha mostrado con tanta sencillez la profundidad de lo que expresa. La vida sin aditivos, en estado natural.

¿Qué muestran estas instantáneas? La huella marcada en la piel, como estelas en el cielo, que ha dejado la maternidad, la enfermedad, la adolescencia, los años. Arrugas, estrías, cicatrices, flacidez, celulitis... es decir, el rastro tibio y ligero de un camino femenino sembrado de fuerza y de una belleza particular.

En estas fotografías, el cuerpo femenino magnifica su función. Es un cuerpo que muestra un alma. Una mirada entrañable, sincera, honesta en la que todas nos vemos reflejadas. Un proyecto digno de ser premiado y valorado. Gracias a Jade Bell y a todas las madres y mujeres que han desnudado su alma y su piel.

Decálogo del puerperio

➢ Piensa en presente. Aquí y ahora.
➢ Sé paciente, es tiempo de ternura, desorden y maravilla.
➢ Relájate y sonríe. Lo estás haciendo muy bien.
➢ Recuerda tus fortalezas, valores, habilidades.
➢ Cuídate. Tus necesidades son importantes. Prémiate.
➢ Acepta el apoyo social de familiares y amigos.
➢ Utiliza el sentido del humor.
➢ Cuida las palabras, los mensajes, que te dices a ti misma.
➢ Simplifica, céntrate en lo esencial.
➢ Agradece tu día a día.
➢ Paso a paso todo se volverá más fácil.
➢ Recuerda lo más importante: tú eres la mejor madre que tu hijo puede tener.

De mayor quiero ser midwife

De mayor quiero ser *Midwife*. Matrona en español, o *Midwife* en países de habla inglesa. ¿Acaso no es lo mismo? Sí… pero no.

Como en casi todo, la distinción está en los matices, en los detalles, enormes a veces, que marcan la diferencia. Diferencias entre el respeto a su profesión, sus estándares de calidad, su independencia y las funciones que realizan ellas, las *midwives*, y las que podemos, o nos dejan hacer a nosotras, las matronas.

En el fondo creo que a todas nos gustaría:

> Cuidar en exclusiva a una mujer durante el parto. Una matrona, una mujer. El *one to one* tan utópico para nosotras. El *one to one* tan estudiado, tan recomendado, tan eficazmente demostrado y evidenciado.

> Elegir dónde poder ejercer. Trabajar en casas de parto, hospital público, equipos domiciliarios, equipo local de la comunidad, matronas independientes…

> Realizar el seguimiento de la lactancia y cuidados de una puérpera (en la cuarentena) y del recién nacido, en el domicilio de la mujer.

> Disponer de un equipo de matronas que coordinen y gestionen el trabajo de todas nosotras.

> Optar a diversos campos de especialización (ecografías, screening, atención psicológica, embarazos adolescentes, duelo perinatal…) y jefaturas propias.

> Contar con diferentes puestos de trabajo hospitalarios: urgencias-admisión, embarazo, parto,

puérperas, neonatología (compartido con enfermeras), comunidad.

➢ Tener voz a la misma altura que el resto del equipo multidisciplinar que atiende a la mujer.

➢ Recibir formación continua, obligatoria, financiada por el sistema público de salud en horario laboral. Formación de calidad.

➢ Contar con un colegio profesional propio. Un colegio fuerte, coherente, serio, que tome en consideración a esta bendita profesión.

Por todo ello, si pudiera, de mayor quiero ser *Midwife*.

Inteligencia emocional en la maternidad

No eres ambicioso: te contentas con ser feliz.
J. L. Borges

Hoy quiero hablar de Inteligencia emocional en la familia, mejor dicho, en la maternidad. Estoy convencida, lo sé, lo veo a diario, lo escucho y sobre todo, lo he experimentado. Ser madre te da una serie de herramientas para manejarte en la vida que de otra forma jamás hubieras obtenido.

Hablo de inteligencia emocional. Un concepto que apareció por los años 90 de la mano del psicólogo estadounidense Daniel Goleman, y que hoy es todo un referente del termómetro de la felicidad, aunque lo cierto es que la felicidad se ha convertido en un tema demasiado manoseado, adulterado también. Prefiero hablar de equilibrio, de cierta estabilidad.

Si de algo pueden presumir padres y madres es de manejar el día a día, lo cotidiano e importante, con auténtica sabiduría práctica y sobre todo emocional.

A veces creemos que somos menos inteligentes que otras súper-mujeres, súper-personas que brillan intelectualmente. Todo un error. Un coeficiente intelectual alto habla de sobresalir en habilidades de razonamiento abstracto, verbal, numérico y espacial. Sin embargo, las decisiones transcendentales de nuestra vida no tienen nada que ver con deducciones abstractas.

Lo que realmente importa para el éxito, carácter, felicidad y logros vitales es un conjunto definido de habilidades sociales, no solo habilidades cognitivas que son medidas por test convencionales de coeficiente intelectual. Daniel Goleman.

Una madre o un padre no solo aprende a gestionar sus emociones, una auténtica necesidad vital; sino también algo muy importante, enseña a sus hijos a gestionar las suyas. Aunque a veces no sea tan sencillo como parece, con el tiempo te vuelves toda una experta en manejar situaciones difíciles.

Lo mejor que los padres pueden hacen por sus hijos es ser seres emocionalmente inteligentes. Daniel Coleman.

Hombres y mujeres nos complementamos. No seríamos quienes somos sin el otro, sin esa persona que nos mira y en la que nos miramos. Y aunque para criar un bebé hace falta una tribu (palabras de Laura Gutman), yo creo que, si contamos con un padre y una madre emocionalmente competentes, el niño dispondrá de todo el afecto y la ayuda necesaria para crecer sano.

¿Qué características expresan una buena inteligencia emocional?

➢ Empatía ante las emociones ajenas. Nadie como nosotras para entender a nuestros hijos.

➢ Tolerancia a la frustración. Todos los esquemas de perfección y logros caen como un castillo de naipes ante el bendito desorden de un hogar con niños.

➢ Expresión controlada de sentimientos. No hay nada como tener hijos para morderte la lengua o expresar tus cosas de forma más controlada y racional.

➢ Motivación. Nuestros actos y pensamientos se enfocan en el logro de metas para nuestros niños y para nosotros. Para mí, ser madre fue una de las grandes motivaciones para aprender y crecer.

➢ Aceptar tus emociones y expresarlas adecuadamente. Llorar y reír. Reír y llorar y quedarnos en la gloria. ¡Magnífico!

➢ Descubrir el placer de vivir. ¡Cierto! Creo que el sentimiento de agradecimiento y felicidad van unidos al mundo de la maternidad. Es una constante. Compañeras, amigas y conocidas refieren que ser madre les ha hecho valorar lo esencial de la vida y centrarse en lo importante.

Como ves, puedes sentirte orgullosa, grande y fuerte. Tienes la oportunidad y las herramientas para descubrir y abrazar tu propia inteligencia emocional. Felicítate y sonríe.

Autoestima y mujer

Siempre hemos sabido, yo la primera, que la autoestima femenina baila por la cuerda floja de la vida. Está claro que somos grandes, fuertes, maternalmente poderosas, inquietas, pero en ocasiones nos falta la osadía necesaria para querernos un poco más. Pequeños gestos que nos ayuden a poner el foco en nuestros logros, nuestra luz. Es decir, amarnos sin esperar que la mirada ajena nos aplauda o nos derribe.

¿Qué es la autoestima?

Es una especie de cajón de sastre donde cabe todo lo relacionado con el amor a uno mismo. Podía resumirse como: la valoración que tenemos sobre lo que pensamos de nosotros, algo esencial para la supervivencia psicológica. Un juicio sobre nuestra propia competencia y valía personal, es decir, la forma en la que nos percibimos, ya sea en nuestra forma de ser o nuestro cuerpo.

Hay un par de cosillas que nos pueden ayudar a conjurar el fantasma de la culpabilidad, esa especie de desafecto que a veces nos define y nos acompaña como una sombra velada. Conocer de donde partimos nos lleva a situarnos en una realidad más certera y benévola.

➢ La autoestima es un asunto social. Las mujeres partimos de una valoración social inferior respecto a los hombres. Es frecuente que la baja autoestima se dé en mujeres que han crecido en familias con roles rígidos y tradicionales. La socialización masculina enfatiza la autonomía, la autoconfianza y la independencia. La femenina sigue promoviendo la expresión emocional, la búsqueda de la intimidad y la dependencia.

➤ La pérdida de autoestima comienza en la adolescencia, la madre de todos nuestros desvelos.

En el ámbito de hacer cosas es donde se aprecia la diferencia entre ambos sexos. Las chicas se sienten menos competentes en muchas áreas. Por ejemplo, se sabe que, en las clases, los chicos hablan e interaccionan más, manifestándose más auto afirmativos que las chicas. Las chicas reciben elogios por su aspecto físico. Al preguntarles que rasgo de ellas valoran más, nombran uno físico. En cambio, los chicos muestran un talento como rasgo positivo de sí mismos.

Y es que a veces somos demasiado rígidas, perfeccionistas, demasiado exigentes con nosotras mismas. Decía Walter Riso que "ser flexible es ser capaz de tomarse el pelo a uno mismo y que la autoestima se muera de risa". Cierto, muy cierto. Colocamos el listón tan alto que la mayoría de las veces no podemos llegar. Es importante recordar que las personas somos pura artesanía y como tal, maravillosamente imperfectas, únicas.

¿Qué podemos hacer para querernos un poco más?

No hay recetas mágicas, como no hay verdades absolutas, solo ideas que han servido a otras personas y que nos pueden ayudar.

➤ Recupera tus logros y aprendizajes. Mira atrás y haz un listado con todo lo que has logrado, a nivel personal, social, laboral. Desde que eres niña, recuerda, has alcanzado muchas metas.

➤ No te compares con nadie, eres una persona singular, maravillosa. No tienen sentido las comparaciones porque eres distinta. Has vivido circunstancias, te has movido en ambientes diferentes a aquellas personas con las que te comparas. Posees talentos y destrezas únicas.

➢ Centra tu atención en lo que eres, no en lo que tienes. Tu valor como persona depende del verbo ser. Depende de tu inteligencia, tu bondad, tu esencia. Los objetos materiales, títulos académicos, brillo social… es secundario, siempre es secundario.

➢ Haz cosas que te gusten. Es bueno hacer una lista de cositas que nos hacen sentir bien y llevar a cabo alguna de ellas todos los días.

➢ Enfócate en tus cualidades positivas. Cierto es que al igual que ante un precioso vestido, si aparece una mancha, su atención se centra en ella. Y a nosotras nos pasa lo mismo, queremos ser tan perfectas que sólo nos fijamos en nuestras imperfecciones. Recuerda que hasta el sol tiene manchas.

➢ Valórate tú misma, no esperes a que te valoren desde fuera. Eres la persona más importante de tu vida, si no te valoras a ti misma, no te valoraran los demás.

Cuídate mucho.

Representaciones mentales del futuro padre

Porque nosotras necesitamos poner en palabras nuestros sentimientos y ellos no saben nombrar nunca lo que sienten. Porque a ellos les aterra hablar de sus emociones, y a nosotras nos espanta no poder compartir nuestras emociones verbalmente. Porque lo que ellos dicen no es lo que nosotras escuchamos, y lo que ellos escuchan no es lo que nosotras hemos dicho.
Rosa Montero

Hoy quiero dedicar esta entrada al padre. Ese señor, joven o no tan joven, inquieto, asustado, ilusionado, que cumple un papel esencial en el proceso de la maternidad. Un papel que en ocasiones ha sido injustamente ignorado y apartado. Debemos entender que el hombre también tiene que adaptarse a la nueva situación.

Cada vez hay más estudios que hablan de la influencia del padre en las decisiones que toma la madre respecto a todo lo concerniente al embarazo, parto y lactancia. Sin embargo, toda nuestra atención se dirige en exclusiva hacia la madre. ¿Por qué? Bueno, culturalmente el hombre en la familia cumple un rol protector de los miembros más débiles. La preñez, la crianza y esas cosas, siempre se han tomado como asuntos de mujeres.

Empoderar al padre. Suena un poco raro, lo sé, pero creo que esa es la idea; empoderar al padre, el hombre ya nace empoderado. Desde el principio del embarazo ellos entran en un mundo nuevo y extraño. Tras las felicitaciones aparecen las dudas: *¿Cuál va a ser mi papel? ¿Qué se espera* *de mí?* Muchos padres afirman que aunque la paternidad no sea física, genera los mismos miedos, dudas e incertidumbres.

Si miramos con atención, veremos cómo el esposo y compañero permanece en segundo plano. En el entorno maternal, resiste a la sombra de las poderosas figuras femeninas que pueblan el universo de la mujer.

David Chamberlain, uno de los pioneros en el campo de la psicología del nacimiento, habla de tres aspectos esenciales en la paternidad prenatal:

➢ Alimentar un cuerpo físico sano.

Cuidar y favorecer que su compañera se alimente correctamente durante el embarazo.

➢ Crear cimientos emocionales.

Las vivencias de la madre dependen en gran medida de la relación con su entorno. Su pareja es el principal soporte emocional.

➢ Establecer una conexión rica con el niño.

El bebé intraútero escucha y capta el tono emocional de las conversaciones. Ya sabemos que cuando nace puede recordar música, ritmos musicales y otros sonidos. El padre puede y debe hablar al pequeño que está dentro, seguir sus movimientos y sus patadas acariciando la tibia piel de su compañera.

Estas y otras conductas son recomendables y hasta terapéuticas, aunque vistas desde fuera las veamos ñoñas o ridículas. En la intimidad los gestos de afecto y ternura deben prodigarse y dejarse prodigar. A pesar de esa coraza muda y tenaz, en el fondo de su corazón, los hombres son tan vulnerables como las mujeres.

Los sentimientos que le inspiraba aquel pequeño ser eran completamente distintos de los que él esperaba. No se sentía alegre, y mucho menos feliz. Por el contrario, experimentaba un miedo nuevo y atormentado. Miedo a que Kitty pudiera verse de nuevo en el trance de pasar por los sufrimientos que había pasado. Miedo al nuevo rincón vulnerable que habría a partir de ahora en su vida, en el temor de que aquella criatura hubiese de sufrir. Y este sentimiento era tan fuerte en él que no le dejó percibir la extraña sensación de alegría irracionable mezclada con un orgullo que había experimentado oyendo estornudar al niño.

Ana Karenina, Lev N. Tolstói

El talento de las madres

Hace años salió en la prensa una noticia que me encantó. Una mujer interpuso una demanda a una empresa por no aceptar en su currículum como mérito personal el ser madre. Durante cuatro años, esta profesional con carrera universitaria (no recuerdo bien su especialidad), tuvo dos hijos y se dedicó en cuerpo y alma a cuidarlos. Al reincorporarse al mercado laboral fue rechazada por su paréntesis profesional, desfase y errores en los contenidos curriculares. Por suerte, ganó la demanda y se aceptaron como méritos altamente valorables los de la maternidad.

¿Qué argumentaba esta mujer? Que al convertirse en madre y cuidar de sus hijos durante esos años había aprendido unas habilidades y unas destrezas que la hacían capaz de acometer tareas que en otro tiempo no hubiera sido capaz. Cierto, muy cierto.

La genética evolutiva impulsa la transformación del cerebro "posparto maternal" para garantizar una mejora en las tareas múltiples, evaluación del riesgo, vigilancia sensorial, capacidad de respuesta, etc. Cambios cuyo único fin es asegurar la supervivencia de la descendencia.

Mirando atrás podemos escuchar el trajinar de nuestras madres, su práctica intensa llevando la casa, preparando la comida, lavando y planchando ropas, atendiendo a los niños, ayudando en los deberes, limpiando, cosiendo y una montaña de tareas que nunca parecían acabar. A eso yo lo llamo talento, mucho talento.

Según la teoría evolutiva de Lamarck: "la función crea el órgano y la necesidad la función". La responsable en parte de la ejecución magistral en la adquisición de habilidades es la mielina. Una sustancia que rodea las fibras nerviosas como si se tratara de una goma que envuelve un alambre de cobre. La práctica intensa de una habilidad añade nuevas capas de mielina logrando que las acciones y pensamientos se vuelvan más veloces y precisos.

Las madres cuentan en su haber con tenacidad, autocontrol, esfuerzo, gestión de las emociones, tolerancia a la frustración. Capaces de impulsar el crecimiento y las habilidades de sus retoños, renuncian con una sonrisa a la comodidad con tal de potenciar los recursos de sus hijos. Y un sinfín de cosas más. José Antonio Marina, filósofo y escritor, lo llama "inteligencia triunfante", una inteligencia que resuelve los problemas cotidianos y avanza con resolución.

Entre las características que definen el talento están: motivación, intereses, constancia, destrezas de comunicación, habilidad en la resolución de problemas, memoria, curiosidad, perspicacia, imaginación, humor y sensibilidad. Si todo ello lo tradujéramos al lenguaje del quehacer cotidiano de una madre, ¿qué tendríamos? Una persona altamente cualificada que gestiona una empresa que funciona las 24 horas. Un hogar.

Cuando mis hijos eran pequeños no me quedó más remedio que desarrollar todo tipo de tareas, que ni siquiera sabía que podía hacer. Nadie te prepara para ello. Aprendí a base de preguntas, acierto y error, creatividad y muchas dosis de humor. Destrezas impensables que de forma automática se expresan en el entorno laboral.

Katherine Ellison, periodista y ganadora de un premio Pulitzer, se enfrentó a los prejuicios sociales sobre la capacidad de las madres. Suyo es el libro "La inteligencia maternal" en el cual sentencia que tener un hijo nos mejora el cerebro. En su obra demuestra que la maternidad contribuye a estimular la inteligencia de las mujeres al tener que enfrentarse a nuevos retos. "Pocas cosas harán más por tu cerebro que tener un hijo".

Sin embargo, se cree que muchas madres abandonan el entorno laboral o relegan su ambición profesional a un segundo plano por una merma en sus capacidades. Todo lo contrario. La alegría y plenitud que aporta la maternidad altera sus prioridades. Ni remotamente tiene que ver con su inteligencia, sino con sus deseos personales.

Estoy convencida de que una mujer, al ser madre, desarrolla una capacidad notable que la hace altamente cualificada en la universidad de la vida. Hay una frase que dice: "La maternidad es el único oficio en el que primero te dan el título y luego cursas la carrera". Menuda sentencia.

El puerperio. Una historia de amor y oscuridad

Ningún hombre ni ninguna mujer es una isla, sino que cada uno de nosotros es una península, con una mitad unidad a tierra firme y la otra mirando al océano. Una mitad conectada a la familia, a los amigos, a la cultura, a la tradición, al país, a la nación, al sexo, y al lenguaje y a muchos otros vínculos. Y la otra mitad deseando que la dejen sola contemplando al océano.
Amos Oz

Recuerdo ese tiempo confuso como un cuento, triste y bello a la vez. El cansancio, la alegría, el desánimo, la plenitud, el arrepentimiento, la trascendencia, el llanto, el amor incondicional, la culpabilidad, la risa, la lucha interna, la paz, la sorpresa, el desconcierto… todo ello y mucho más anidaba dentro de mí como un frasco de esencias. Algunas dulces, otras ácidas.

Leer este maravilloso libro de Amos Oz me llevó a recordar aquel tiempo que parecía no serenarse. Una especie de montaña rusa emocional, física y mental que me llevó a descubrir cosas de mí que ni siquiera pensaba que pudieran existir. Creo que lo que mejor lo define, para algunas mujeres, es "Una historia de amor y oscuridad".

¿Por qué nos pasa esto? Además de la biología, que parece explicarlo todo, tendemos a ser más perfeccionistas, más obsesivas, más controladoras. Cierto. Le damos muchas vueltas a las cosas y magnificamos las amenazas y las pérdidas como si fueran auténticas catástrofes. Queremos controlarlo todo y estar en todas partes. Porque al igual que Mary Poppins, nos creemos *prácticamente perfectas, en todos los sentidos*.

Además, contamos con poco o nulo apoyo social.

A todo ello hay que sumar los cambios físicos, la inexperiencia, la inseguridad; y el cansancio que arrastramos nos hace sentir más desválidas, vulnerables. Nuestra percepción de autoeficacia disminuye. Nos sorprendemos de que nuestros pensamientos solo giren en torno a un milagro; nuestro bebé, un bebé que no sabemos, a pesar de sentirnos programadas genéticamente para ello, manejar.

Por si fuera poco, los sistemas de salud, pobres e insensibles, dejan a la madre a la intemperie sin personal preparado que les asista y les cuide en esos momentos tan frágiles. Decenas de posters, cientos de consejos y miles de hojitas informativas para tapar la triste realidad: no disponen de profesionales que acompañen a las madres en sus casas, profesionales que asesoren directamente en la lactancia materna, que les ayuden a desarrollar estrategias de afrontamiento cognitivo, físico y emocional para manejar el puerperio.

Ser madre es todo un aprendizaje, con sus triunfos y sus derrotas. Un aprendizaje de habilidades y desarrollo de recursos que no se realiza en unas semanas, ni en meses. Todo ello lleva su tiempo. Gestionar un hogar con un bebé tras un parto es tarea de titanes. Lo sé. Una tarea que poco a poco irás manejando con mayor habilidad. Te sorprenderás de lo que puedes llegar a ser capaz.

Mientras llega ese tiempo —créeme, te aseguro que llegará—, aquí te dejo unas sugerencias. Algunas las aprendí tarde, otras me fueron útiles.

¿Qué hacer entonces?

➢ Relájate y relativiza las situaciones. Lo esencial sois el bebé y tú.

➢ Descansa cuando descanse tu hijo, el descanso es la piedra filosofal del puerperio. Si descansas, verás todo con otra mirada, más serena, más sabia, más tranquila.

➢ El concepto de buena madre es solo un concepto, una teoría, algo artificial. Todas las madres son buenas.

➢ Pasar del odio al amor, del llanto a la dicha, de la tristeza a la alegría forma parte de todo el proceso. Lo extraño sería no sentir esa ambivalencia emocional.

➢ Tómate los pequeños desastres con mucho, muchísimo sentido del humor.

➢ Eres más fuerte de lo que crees, por el sólo hecho de iniciar esta fascinante aventura. Mírate y siéntete orgullosa de tu opción y de tu vida, aunque algunos momentos camines bajo tormentas. El sol sale siempre, siempre. Pregúntale a tu madre, hermanas, compañeras, amigas. Todas hemos bailado bajo una lluvia de lágrimas y suspiros, de ansiedades y dicha.

En resumen, confía en ti y en tu capacidad de adaptación. Por donde tú andas, caminan miles, millones de mujeres todos los días y estamos aquí, a salvo de aquel tiempo, superado, a salvo, incluso, de nosotras mismas. Cuídate.

Mi madre permanecía casi todo el tiempo en casa… Cocinaba, hacía pan, lavaba la ropa, organizaba las compras racionalmente, planchaba, limpiaba, ordenaba, doblaba, fregaba, cortaba y hervía. Pero cuando la casa estaba realmente ordenada, cuando en la cocina todos los cacharros estaban fregados y la ropa doblada y colocada en ángulo recto sobre los estantes de los armarios, entonces mi madre se acurrucaba en su rincón y leía. Metía los pies descalzos debajo de la pierna y leía. Se inclinaba hacia el libro que tenía sobre las rodillas y leía. La espalda encorvada, el cuello inclinada, los hombros caídos, con todo su cuerpo semejante a una media luna, y leía. La cara cubierta a medias por la cortina de pelo negro que caía sobre la página, y leía.

Una historia de amor y oscuridad. Amos Oz

Notas: Esta entrada sirvió de base para el libro; "Posparto, desorden y maravilla". Estoy convencida de que ambos enunciados son válidos y definen perfectamente la vivencia de este tiempo de cambios. Sin embargo, me inclino a afirmar que las palabras desorden y maravillas son términos más acertados.

Tipologías de hombres en el parto

En un par de días celebraremos el día del padre. Y entre risas, anécdotas y regalos hoy voy a hablar de ellos. Hombres que comparten tiempo y sueños junto a sus parejas, camino de ser madres. Con todo cariño, muestro esta tipología personal de lo que he observado en la planta de maternidad, salas de dilatación y paritorio.

¿Cómo sería el acompañante perfecto? Las investigaciones hablan de que el hombre ideal es aquel que se acopla a las necesidades de su pareja. Y cada mujer, cada madre, es un mundo.

Si tuviera que nombrar algunas características, serían: el que permanece atento sin agobiar, el que colabora y responde a las demandas de ellas. Aquel que mantiene la calma y sirve de apoyo físico y emocional. El que respeta sus decisiones, el que se equivoca y se disculpa, el que acepta nuestros fallos y aciertos. En resumen, nuestro compañero del alma.

Como siempre, las tipologías no son puras, una misma persona puede manifestar varios patrones de conducta a lo largo de una situación. En ocasiones, hombres excelentes en la cotidianeidad no son buenos acompañantes el día del parto. Más por miedo y desconcierto que por las ganas de hacerlo bien. En el fondo, el tema del parto es un suelo resbaladizo donde todos, hombres y mujeres, solemos patinar.

➤ El Patriarcal.

Ejerce de padre de la embarazada tratándola como si fuera su hija. Utiliza un lenguaje dominante para marcar los límites. Parece que el protagonista es él. Suele usar expresiones del tipo: *nena, mira lo que te digo, escúchame bien, hazme caso.*

➤ El desertor.

Aquel que rechaza acompañar a su pareja porque no soporta verla sufrir. Y se marcha, dejándola sola.

➤ El Investigador.

Expone los conocimientos que posee a cada instante. Pregunta constantemente. Necesita estar informado del cómo, el cuándo y el porqué. Observa el monitor la mayoría del tiempo y demanda conocimientos sobre el registro. Excesivamente curioso. No suele involucrarse de forma emocional.

➤ El Desconfiado.

Muestra hostilidad hacia todos y hacia todo. Recela de cualquier información y la contrasta con todos los profesionales que encuentra. Desatiende los consejos y las sugerencias de su pareja, que se siente avergonzada ante la desconfianza que manifiesta. Le gusta tomar el mando.

➤ El pacificador.

El padre que cede a las presiones familiares para acompañar a su esposa. Trata de evitar los conflictos a toda costa. Su mujer suele expresar que le resulta indiferente quién la acompañe, delegando ese acto en el entorno social. Bueno por naturaleza, se muestra amable y condescendiente.

➤ El tímido.

Ese hombre que apenas habla. Muestra escasas manifestaciones afectivas. Apocado. Suele quedarse clavado al sillón sin saber qué hacer ni qué decir. Se queda en segundo plano, detrás de la familia de su mujer.

➤ El nervioso.

Parece más afectado que la mujer. Aparece sudoroso e inquieto. Camina por la habitación sin cesar, entra y sale al aseo con frecuencia. Le sobresalta el más mínimo imprevisto. En ocasiones sus respuestas le superan y abandona a su pareja.

➢ El Tradicional.

Claramente expresa que él permanecerá en la sala de espera, repitiendo su frase favorita: *digan lo que digan, esto es cosa de mujeres*.

➢ El optimista.

Se muestra seguro de sí mismo. Parece que domina la situación. Se expresa diciendo lo fácil que resulta todo. Anima a su pareja con frases hechas, pero se desmorona ante el más mínimo imprevisto.

En resumen, un abanico de caracteres y personalidad que tratan de ayudar con la mejor voluntad. Enternece verlos llorar, emocionarse cuando contemplan a su hijo por primera vez. Verlos desplegar ese derroche de ternura junto a su pareja, sosteniéndola, apoyándola en los momentos más duros, resulta conmovedor. Vaya por ellos mi particular felicitación.

Gracias, madres, gracias compañeras

El mundo hay que fabricárselo uno mismo, hay que crear peldaños que te suban, que te saquen del pozo. Hay que inventar la vida porque acaba siendo verdad.
Ana María Matute

Hoy se celebra el día internacional de la matrona y en este día vienen a mí el recuerdo, la voz, el rostro de gentes que han hecho de esta profesión un lugar grande, inmenso, poblado de estrellas y aguaceros, soles y tormentas, aciertos y desaciertos. Sí, porque todo aquello que nos configura como profesionales, lo bueno y no tan bueno, también es nuestro.

Hoy quiero dar las gracias a las madres. Sin ellas no seriamos nadie y gracias a ella, somos todo.

Gracias a las mujeres que se acercan, tímidas, curiosas, a buscar un consejo, a recibir un cuidado, a escuchar una palabra, una frase de ánimo que les alivie los temores y les haga saber que todo irá bien, que no hay madres buenas o malas, que todas son madres estupendas, que lo que importa es lo que se intenta, el amor. Lo demás es como lluvia con tierra. Gracias a las mujeres que nos presionan a ser mejores, a hilvanar la evidencia con la práctica, que hacen suyas nuestras reivindicaciones, que están ahí, a nuestro lado. Adorables.

Gracias a todas las personas, visibles e invisibles, que nos habéis hecho reinventarnos, reciclarnos, crecer, aprender, soñar. Gracias a las compañeras formadas en otro país, que nos muestran otra mirada, otra práctica, otra voz.

Gracias a nuestras residentes de matronas, por su esfuerzo, tenacidad, coraje y esa tierna sensibilidad que las hace especiales.

Gracias a las madres fuertes, grandes, asombrosas, cuyos hijos se convirtieron en ángeles antes de nacer. Sin ellas no hubieran sido posible todos los cambios. Gracias, Alcora.

Gracias a los compañeros; auxiliares, enfermeras, celadoras, jefas, limpiadoras y cómo no, nuestros queridos ginecólogos, nuestras ginecólogas, que cada vez son más.

Y en general, gracias a las buenas gentes que nos ayudan a parirnos a nosotras mismas una y otra vez, que nos ayudan a conjugar nuestros queridos verbos; construir, acompañar, silenciar, ofrecer, soportar, sostener, calmar y, sobre todo, animar.

Porque sin todos vosotros no seríamos quienes somos y quien queremos ser, porque nos necesitáis y os necesitamos. A las gentes de buena voluntad relacionadas con el mundo de la maternidad: Gracias.

Pensando sobre lo que podía decir hoy, he decidido compartir con ustedes algunos de mis pensamientos sobre los problemas comunes con los que todos nosotros, como miembros de la familia humana, nos enfrentamos. Puesto que todos compartimos este pequeño planeta, tenemos que aprender a vivir en armonía y paz entre nosotros y con la naturaleza. Esto no es solamente un sueño, sino una necesidad. Dependemos los unos de los otros en tantas cosas que ya no podemos vivir en comunidades aisladas, ignorando lo que ocurre fuera de ellas. Cuando nos encontramos con dificultades necesitamos ayudarnos los unos a los otros, y debemos compartir la buena fortuna que gozamos. Les hablo solamente como otro ser humano, como un sencillo monje. Si encuentran útil lo que digo, espero que intenten practicarlo.
Dalai Lama.

Tocofobia: temor al embarazo

Me entró tal canguelo de pensar que iba a intentarlo, que… ¡hasta se me reguló la regla! Escuché ese comentario a una mujer que había decidido que el tiempo de ser madre había llegado y ante la idea de que el deseo se hiciera realidad, tuvo un leve ataque de pánico.

¿Por qué entra el miedo? Ser madre es una de las decisiones más trascendentales que se toman en la vida. Aunque te gusten los niños y hayas criado a hermanas o sobrinos, la decisión de tener uno propio con todo lo que conlleva asusta incluso a la mujer más decidida.

Existe un cuadro clínico llamado tocofobia que consiste en un miedo irracional al embarazo y parto. Un temor que se cuela como un mal viento entre los pensamientos y deseos más maternales que una mujer pueda tener. Muchas de estas mujeres desean ser madre, cierto, pero les asusta el embarazo y el parto. Sucede a veces que lo más deseamos es lo que más tememos.

La evitación fóbica puede tener su origen en la adolescencia, en un parto traumático o en una depresión prenatal, y es que algunas emociones nos marcan de por vida.

Hay dos tipos de fobia:

➢ La tocofobia primaria afecta a las mujeres que no tienen niños y probablemente por ello nunca serán madres.

➢ La tocofobia secundaría la presentan mujeres que han vivido un embarazo o parto traumático.

Qué complejos somos los humanos. Muchas de estas mujeres utilizan simultáneamente diferentes métodos anticonceptivos. Algunas se someten a abortos voluntarios. Otras se esterilizan y un tercer grupo de mujeres optan por la adopción. Curioso. Todo un abanico de opciones para eludir lo más temido.

¿Quién no ha sentido miedo ante el hecho de ser madre? Todas, yo la primera. Es normal y hasta saludable sentir cierto grado de preocupación ante la incertidumbre de cómo saldrá todo. Un cierto grado de ansiedad combina bien con los cambios. El problema es cuando nos desborda dejándonos a la deriva como un barco sin remos en alta mar.

Las personas que sufren cualquier tipo de fobia lo saben bien. Desmoraliza y desconcierta sentir un temor intenso, fuerte e irracional hacia algo que representa poco o ningún peligro real. Ese lacerante pavor es tan potente que algunas embarazadas que sufren tocofobia eligen traer a su hijo al mundo por cesárea, bajo anestesia general. Se cree que estas mujeres sufrirán menos morbilidad psicológica al poder optar por esta elección.

¿Qué hacer? Ser honesta con una misma y buscar ayuda psicológica. En algunos países están apareciendo grupos de apoyo a mujeres que tienen miedo al embarazo. Por suerte, las fobias se curan, solo hay que dar un primer paso y adelante.

Aquí os dejo el testimonio, de una mujer que buscaba ayuda en los foros para su problema. Ánimo, por suerte, todo tiene solución.

Llevo con mi pareja cinco años y últimamente él solo habla de formar una familia dentro de unos años. El problema es que nunca he querido tener hijos y sufro un miedo extremo a quedarme embarazada, incluso si lo estuviera, no estoy segura de poder seguir adelante con el embarazo. Mi temor es tan fuerte que incluso si estoy cerca de una mujer embarazada, comienzo a sufrir dolores de espalda, calambres, náuseas, mareos o ataques de ansiedad.

No quiero que mi miedo me impida darle un hijo en unos años y formar una familia. He leído que la terapia cognitiva puede ayudarme, pero me da miedo acercarme a mi médico de cabecera y decirle lo que me pasa. Me gustaría contactar con otras mujeres que sufran este problema y escuchar sus experiencias. Si pudierais ayudarme, lo agradecería de todo corazón.

Por un futuro mejor

"Por un futuro mejor" es el lema de la Confederación Internacional de Matronas (ICM) para este año 2015. Creo que al igual que la campaña que ellos promueven, el mundo necesita ahora más matronas que nunca. Junto a una madre, siempre una matrona. Hombres y mujeres. No importa el nombre, comadrona, matrona o matrón.

Hace años estuve como observadora por la maternidad Rotunda en Dublín. Allí encontré a una mujer y madre de cuarenta y seis años estudiando para ser matrona. Sus compañeras más jóvenes le llamaban cariñosamente la abuela. Al parecer había ejercido de maestra hasta que tuvo la oportunidad y los medios de realizar su sueño: ser matrona.

Conozco compañeras que tras aprobar el EIR, el examen para enfermero interno residente, marcharon lejos de su ciudad para estudiar la anhelada carrera. ¿Por qué? Porque hay profesiones que enganchan, fascinan, seducen. Y esta es una de ellas.

Hay algo mágico y sagrado en el acto de acoger un bebé a su llegada al mundo, en las palabras balsámicas que recitamos como una oración para ayudar a la madre, en los gestos de aliento. En los partos, a veces, me he sentido una intrusa, un testigo incómodo ante la intimidad de la pareja, con sus caricias, sus palabras tiernas, sus miedos, sus manos temblorosas, sus alegrías. Ver a los padres, hombres de pelo en pecho, llorar como niños viendo a sus hijos por primera vez resulta conmovedor. Todas lo sabemos, hay instantes que lloramos con ellos.

Lamentablemente no todo es alegría y días de sol. A veces la esperanza se rompe en mil pedazos y hay que estar junto a la madre que porta un hijo que nunca llorará. Estar ahí a su lado, acompañándola, como una amiga, una hermana o una madre provisional es un privilegio.

Este bendito trabajo es un reto constante, una lucha a veces titánica entre el poder y la independencia, entre la cama y la pelota, entre la obediencia forzada y la cándida autonomía, entre la mujer y la familia, entre lo forzado y lo natural. Hasta las rosas portan espinas. Cierto y, ahí vamos batallando con la sonrisa en los labios y la palabra certera, manteniendo como la vida misma, un tenue equilibrio.

En algunos temas andamos en pañales. En primaria ahí vamos, dando bandazos, llevando varios centros de salud a la vez. Con esperanza, mirando las estrellas, soñando que algún día podamos desarrollar todas nuestras competencias, desde que la niña se hace mujer hasta la llegada de la menopausia. Algún día, quizá.

A todas las madres y matronas del mundo, feliz día.

Depresión masculina posparto

Las heridas que no se ven son las más profundas.
William Shakespeare

El hijo de Pablo nació hace un par de semanas. Su mujer se pasa los días callada, con una tristeza infinita. Él no sabe cómo ayudarla. Se siente extraño, desplazado. Sus amigos y compañeros le felicitan por su paternidad, mientras él se muerde los labios y da las gracias. Le duele el estómago, le duele la cabeza, le duele el alma y lo peor es que no sabe por qué. Algunas tardes las pasa en una cafetería, en las afueras de la ciudad. No quiere llegar a casa. Los pantalones le quedan pequeños, la camisa también. Apenas come y el sueño le vence. Ayer volvió a enfadarse por una tontería, gritó y dio un portazo. Mañana hablará con su jefe, le vendrá bien trabajar más horas. Aunque lo que realmente le preocupa es esa idea que baila en su cabeza sobre lo que debería ser como padre y lo que es en realidad. Agotado y desanimado, llama al camarero: *¡otra cerveza, por favor! La última,* repite para sus adentros. En la ventana, un niño moreno se queda mirándolo. Pronto caerá la noche. Bebe la cerveza de un trago, coge el abrigo y se marcha. Mañana, Dios dirá.

Esta es la crónica pormenorizada de un hecho silenciado y real, muy real. La depresión masculina posparto o *sad dads*. En el año 2010 la revista JAMA (Journal of the American Medical Association) estableció que, en el primer trimestre de vida de un hijo, el porcentaje de padres deprimidos era del 10,3%. Sabiendo que las tasas de depresión masculina rondan el 4,8%, las cifras resultan desconcertantes. Un artículo publicado en el Infant Mental Health Journal, de 2019, cuenta que puede llegar a afectar hasta al 25% de los hombres tras el nacimiento de su bebé. Estos datos aumentan si la madre padece depresión posparto.

¿Qué manifiestan estos padres? Frustración, irritabilidad, aumento del uso del alcohol, aislamiento social de amigos y familiares, desánimo, problemas digestivos, cefaleas, aumento del tiempo que pasan trabajando, comportamiento hostil, conductas violentas, perdida de interés en las aficiones o el sexo, tristeza, conflictos internos entre lo que deberían ser y lo que son en realidad.

Paradojas del destino. Cuando la vida sonríe con esa paternidad anhelada y gloriosa, aparece el viento de la tristeza zarandeando sin piedad a unos seres a los que se les ha inculcado que no deben llorar, ni hablar de emociones ni mostrar debilidad. ¡Menudo disparate!

Cierto. A los hombres la idea de buscar ayuda y hablar de sus problemas los asusta. El psicoterapeuta Will Courteney dice: "las mujeres que van a terapia, sencillamente se sientan y comienzan a hablar. Cuando un hombre visita a un terapeuta, se sienta, lo mira y dice: *bueno, ¿y ahora qué hacemos?*".

Es necesario reconocer que algo va mal. Aceptar que bajo esa felicidad camuflada crece una tristeza y un desánimo capaz de minar las creencias más sólidas. Aceptarlo es el primer paso para solucionarlo. Se sabe que este problema puede afectar al hijo a corto y largo plazo. Estos padres interactúan menos con ellos y son más proclives a golpearlos.

Courteney confirma la idea que todos tenemos: el entorno social magnifica la paternidad. "Ser padre y esposo no es tan sencillo como lo muestran en televisión. Imágenes poderosas y persistentes. Cuando vemos padres y madres en la televisión y el cine, usualmente los vemos experimentando la alegría de la nueva paternidad, algunas escenas cómicas en las que no pueden dormir. Pero lo que no vemos son los padres que sufren depresión posparto".

Me pregunto si de alguna forma se puede prevenir. Quizás pueda lograrse, si cambiamos nuestras expectativas, nuestros prejuicios, nuestros estereotipos. En una palabra, si aceptamos que ellos, al igual que las madres, deben prepararse y anticiparse a lo que les vendrá. Ser realista y llegar a acuerdos entre la pareja, hablar de sentimientos como se habla de la comida, lactancia, el día a día. No son más fuertes nuestros hombres por silenciar sus miedos y su desamparo. Yo creo que cuando lo hacen, los queremos un poco más.

Mujeres visibles, madres invisibles. La incómoda maternidad

Resulta enternecedor leer entrevistas hechas a personas relevantes; premios nobel, científicos, filósofos… hablando de sus madres como la persona más influyente e importante en sus vidas. Y sin embargo, las madres somos invisibles.

No es lo mismo ser mujer que ser madre, y no me refiero exclusivamente al hecho biológico o físico, sino a algo más profundo y real. Las mujeres somos visibles y reconocidas por nuestros logros en el ámbito externo (trabajo, política, deportes, cultura) hasta que nos convertimos en madres.

La maternidad no tiene prestigio. Las madres son invisibles social y laboralmente. Al no ser productivas, desaparecen en el ámbito doméstico de lo privado. La pregunta que con más frecuencia escucha una madre de baja maternal es: *¿Cuándo te incorporas al trabajo?* Lo doméstico sigue siendo la zona de no-trabajo, no horarios, no estrés, no obligación.

No solo se invisibiliza a las madres sino que, de forma sutil, visible, cubierta o encubierta, se les agrede o minusvalora. Podemos encontrar estos hechos en entornos laborales, artísticos, espacios públicos, redes sociales y feministas radicales, entre otros. Por ejemplo:

➤ El embarazo.

Una gestante está sometida a una doble presión. Por un lado, la presión del modelo patriarcal-consumista que idealiza y publicita la maternidad como si se tratara del paraíso. Por otro lado, los mensajes que recibe una mujer gestante, si quiere ser buena madre, son que debe adoptar las pautas de los actuales "gurús de la maternidad".

➢ Entorno laboral.

Podría hablar de una larga lista: despidos encubiertos, presión laboral hasta mobing. La maternidad está penalizada en el mundo laboral.

Muchas empresas prefieren contratar mujeres menores de 25 años o mayores de 45 para evitar el "problema" de que se queden embarazadas. Respecto a la selección de personal en las empresas, se discrimina a favor de los hombres. Los empresarios prefieren contratar hombres porque aplican el conocimiento que tienen de las estadísticas. La paternidad hace a los hombres dedicar más tiempo a la empresa, mientras que las madres reducen su dedicación. No se puede estar en misa y replicando.

A pesar de la feminización de los títulos universitarios en algunos sectores, la presencia de la mujer ha cambiado poco. Según la economista Nuria Chinchilla, directora del Centro de Investigación Trabajo y Familia: "Una recién licenciada, con un máster, buena preparación y experiencia, tendrá dificultades para ser contratada si declara su intención de formar una familia".

➢ Artística y creativa.

Las madres, reales, no existen en la literatura. Las novelas que hablan de la maternidad están escritas por hombres que las retratan como santas o arpías. En la pintura, el cuerpo femenino embarazado apenas se ha representado en el mundo occidental.

➢ Entornos públicos.

Limitaciones por barreras arquitectónicas en espacios públicos, trasporte, aceras, calles. Cafeterías donde apenas caben un cochecito de bebé, sin zonas de lactancia, cambiado de pañales. Hospitales sin zonas infantiles en las salas de espera, restaurantes sin mobiliario adaptado y un largo etc. Solo cuando viajas a los países escandinavos o visitas Ikea, te das cuenta de las diferencias.

➢ Entornos virtuales, redes sociales.

Hace un par de años circuló por la red un artículo de opinión de una doctora en filología hispánica que decía: "Creo que, actualmente, la gente que tiene hijos se atonta y se amuerma, se vuelve prosaica y gris, envilece su mente y estanca su intelecto". Una actriz afirmó en una entrevista: "En el siglo XXI ha habido un gran retroceso por que las mujeres siguen diciendo que la maternidad es lo mejor que les ha pasado. Las mujeres cuando tienen hijos se empobrecen, se quedan en casa y se dedican a criar a los hijos, como hicieron sus abuelas".

➢ Estereotipia y prejuicios.

Se suele decir, lo he escuchado muchas veces, que las madres se vuelven torpes y a veces pierden las llaves. Por supuesto que pierden las llaves, igual que Einstein, porque ambos tienen su mente ocupada en cosas de vital importancia. EEUU es un país con muchos prejuicios hacia las madres trabajadoras, se cree que la maternidad disminuye la inteligencia o la productividad. Hace años se realizó una investigación en la que se mostraba a un grupo de voluntarios imágenes de mujeres en distintos trabajos. A algunas de ellas, se les había puesto una almohada bajo la ropa para simular un embarazo.

Al verlas, los participantes dijeron que la mujer embarazada era la menos competente y por tanto la que merecía un sueldo más bajo.

➢ Entornos feministas institucionales.

Aquí tropezamos con las ideas de feministas radicales que piensan que la maternidad esclaviza, aliena y aparta a las mujeres de su objetivo: alcanzar éxito social, laboral, institucional, mujeres modelos para un capitalismo feroz y radical. Frases como *no suponen ningún proyecto, no sirven, no producen nada nuevo, es amarrarse,* etc. forman parte de su discurso.

¿Qué hay de verdad en todos estos estereotipos de torpeza mental, estancamiento intelectual, empobrecimiento social…? ¿Son las madres menos inteligentes? ¿Qué dicen las estadísticas, la experiencia?

El embarazo convierte a un organismo egocéntrico en uno dedicado al cuidado de otro ser.

La maternidad mejora el cerebro de una mujer en aspectos como agudeza, eficacia, resistencia al estrés, motivación e inteligencia emocional. El cerebro de una madre cambia para hacerla más eficiente en el cuidado del bebé. A nivel empresarial se sabe que las madres son más fieles, gestionan mejor el tiempo y son grandes negociadoras, capaces de mediar en los conflictos.

El comprometido y duro entrenamiento que supone la maternidad aporta a la mujer una gran capacidad para cumplir plazos, coordinar múltiples tareas, encontrar salidas creativas a los problemas, encajar interrupciones frecuentes y permanecer impasible en plena crisis. Tener un hijo es una escuela.

En los entornos feministas, he encontrado la voz de una gran activista, la historiadora y feminista francesa Yvonne Knibiehler, que dice: "La maternidad no era solamente un desarrollo narcisista, un júbilo personal. Era también, en igual medida, una función social. Y yo estaba convencida de que, ignorando esa función social, se ignoraba la mitad, por lo menos, de las realidades maternas. Desde entonces, los resultados de mis investigaciones no han hecho más que reafirmar esa certeza. El feminismo debe ante todo repensar la maternidad: todo lo demás se dará por añadidura".

¿Qué opciones hay? ¿Cómo podemos visibilizar la maternidad?

➢ Aceptar otros modelos. El ecofeminismo. Yvonne Knibiehler afirma que el verdadero feminismo está en la defensa de la maternidad. El ecofeminismo propone que pongamos la vida en el centro y que cultivemos el paradigma del cuidado. Proteger la naturaleza y proteger a los niños, enfermos, ancianos. Frenar la dinámica producción-consumo y centrarnos en lo importante; compartir el tiempo generoso con los que amamos.

➢ Cambiar el sistema productivo laboral adaptándolo a las nuevas familias; jornadas de trabajo más reducidas, excedencias, horarios flexibles, trabajos en casa, empleos donde se pueda acudir con los niños, guarderías pequeñas en los centros de trabajo… todo lo que nos ayude a estar menos tiempo en el trabajo, y más cerca de nuestros hijos.

➢ Feminizar el poder. Feminizar la sociedad, entendiendo por ello; mayores cuotas de sensibilidad, empatía, cooperación. Cambiar las formas de ejercer el poder. Más interesante que llegar al poder, es prestigiar las labores de cuidado. Recordemos que el mercado laboral ha sido diseñado por hombres en una época en la que la mujer se quedaba en casa criando a los hijos.

➢ Demandar y visibilizar los atropellos laborales; despidos por maternidad, presión laboral…

¿Qué futuro nos espera?

Estoy convencida que a pesar de los pesares, estamos asistiendo a un cambio de paradigma:

La maternidad es un hecho trascendental no solo para la mujer y el hombre, sino, sobre todo, para el futuro ser. El científico Eduard Punset lo expresa con claridad: "Si mis lectores me insisten en que les diga cuál es el descubrimiento social más trascendental de estos dos últimos siglos, no tendré más remedio que responder: el impacto insospechado en su vida de adulto de lo acontecido al bebé desde el vientre de la madre".

En resumen, visibilizar el hecho materno. Aceptar nuestra fragilidad y nuestra fuerza, la maternidad enseña que la vida no se trata de gloria, ni de certezas, sino de abrazar la paradoja y la fragilidad para lograr ser lo que realmente importa: ser buenas personas.

AGRADECIMIENTOS

345

Gracias al escritor Adrián P. J. por su inestimable ayuda, a Maribel Oliver por animarme a recopilar las entradas del blog en un libro, a las madres que me alentaron a seguir escribiendo, a mis compañeras y a todas aquellas personas, hombres y mujeres, que han hecho posible esta obra.

ACERCA DEL AUTOR

Madre, matrona, psicóloga. Pepa Calero, ha ganado varios premios literarios y quedado finalista en otros cuantos. Ganó el 1º Premio del Certamen de Relato Corto: Maternidad, Punto y Aparte, (Fundación Recoletos), y el 1º Premio de Microrrelatos del V Certamen Internacional de Relato Aste Nagusia. Ha sido finalista del XVII Concurso Internacional Max Aub; del Certamen Mundial Excelencia Literaria M.P. Literary Edition 2015, y ganó el Accésit en el XXX Certamen "Antonio Reyes Huertas".

Dentro de la trilogía sobre el embarazo, parto y posparto, ha publicado la novela "El parto de Clara" y un manual sobre el cuidado emocional en el puerperio o cuarto trimestre; "Posparto. Desorden y maravilla", ambas con la Editorial Rubric.

También es autora del libro de relatos viajeros "Leer, viajar, estar vivos", de Ediciones Casiopea.

POSPARTO

Bienvenida a la mayor aventura de tu vida.

Acabas de convertirte en madre y comienza el puerperio, posparto o también llamado cuarto trimestre. Un tiempo marcado por una serie de cambios psicológicos que nos transforman, nos desorientan, nos hacen crecer.

Ser madre es un camino de autoconocimiento, con sus tropiezos y aciertos. Un aprendizaje de habilidades que no se realiza en semanas o meses.

En este libro hallarás sugerencias que mejorarán tu capacidad de afrontamiento y adaptación, ideas que te ayudarán a sentirte agradecida, alegre, feliz.

EL PARTO DE CLARA

Tras varias FIV (fecundación in vitro), Clara queda embarazada espontáneamente. A partir de ahí comienza un camino de ilusión y dudas. Ha elaborado un plan de parto en contra de familiares y amigas. Se siente feliz, confiada, segura. Sin embargo, las cosas no salen como esperaba.

El día del parto Clara vivirá las horas más intensas, difíciles y emotivas de su vida.

LEER, VIAJAR, ESTAR VIVOS

O viajaba conmigo misma o me quedaba en casa tejiendo y destejiendo el anhelo de viajar. Con esta frase en la mochila Pepa emprendió sus viajes.

Este libro describe viajes literarios, pequeñas odiseas, geografías de ciudades poéticas. Viena, Trieste, Varsovia, Budapest, Praga, Salzburgo, Berlín, Lisboa, Tánger y la hermosa librería Lello & Irmao en Oporto. Una obra que habla de escritores, personajes, paisajes. De viajar lento. Del gozo de descubrir que son las personas las que dan sentido al viaje... Viajar para escribir, aprender, experimentar. Soñar. Viajar para mostrar que todas las ciudades se parecen, que todos los lectores, todos los viajeros caminan detrás de un sueño: Leer, viajar, estar vivos

www.ingramcontent.com/pod-product-compliance
Lightning Source LLC
Chambersburg PA
CBHW051037250726
48656CB00001B/19